나무아미타불 마음수업

不焦虑的活法·实践版：阿弥陀佛修心课

초조 불안 걱정을 단숨에 사라지게 하는 부처의 지혜

나무아미타불 마음수업

페이융 지음 | **허유영** 옮김

향긋
책방

삶이 고달프다고 느껴질 때
가장 먼저 해야 할 일

아미타불에 관해 얼마나 알고 있는가? 예로부터 남녀노소를 막론하고 예상하지 못한 일이 닥쳤을 때 자기도 모르게 "나무아미타불"이라고 읊은 이유는 무엇일까? 가장 널리 알려진 이 불호(佛號)에는 어떤 비밀이 감춰져 있을까? 어떻게 수많은 사람이 조용히 아미타불을 외는 것만으로 인생을 완전히 바꿀 수 있었을까?

먼저 한 대장장이의 이야기를 들어보자.

옛날에 한 마을에 대장장이가 살고 있었다. 대장일만으로는 네 식구 입에 풀칠하기도 버거웠지만 다른 재주가 없었기에 힘든 대장일을 하며 초조하고 고통스러운 하루하루를 견디고 있었다. 그러던 어느 날, 행각승(떠돌아다니며 수행하는 승려)이 집 앞을 지나가는 것을 보고 얼른 달려 나갔다. 아주 오랫동안 가슴을 무겁게 짓누르고 있는 질문에 대한 답을 찾고 싶었다. 그가 행각승에게 물었다.

"스님, 저를 좀 보십시오. 하루하루가 사는 것이 몹시 고통스럽습니다. 산다는 것 자체가 무거운 짐입니다. 하지만 제게는 다른 재주가 없습니다. 글공부를 해서 과거 시험을 볼 수도 없고, 장사를 해서 큰돈을 벌 수도 없습니다. 그렇다고 처자식을 버리고 도망쳐 홀로 유랑 생활을 할 용기도 없어서 대장일을 하며 근근이 살고 있습니다. 어떻게 하면 이 고통에서 벗어날 수 있을까요?"

행각승이 아주 쉬운 방법이 있다며 알려 주었다. 쇠를 한 번 두드릴 때마다 어떤 명호(名號)를 읊으라는 것이었다. 대장장이는 그날부터 아무 생각도 하지 않고 쇠를 두드릴 때마다 행각승이 가르쳐 준 명호를 염불했다. 그의 처가 안 그래도 힘든 대장일인데 입으로 염불까지 하면 더 힘들지 않느냐고 걱정하자 그가 이렇게 말했다.

"참 이상하기도 하지. 예전에는 쇠를 두드릴 때마다 허리가 아프고 힘들기만 했는데 이 명호를 염불한 후로 허리도 안 아프고 별로 힘들지가 않아. 밤에 잠도 잘 자고."

대장장이는 매일 쇠를 두드리며 마음속으로든 입으로든 그 명호를 염불했다. 달리 생각할 것도 없었고, 실제로 아무 생각도 나지 않았다. 불꽃과 망치 소리만 고요한 하루하루를 채웠다. 햇볕이 든 날과 비바람이 흩날리는 날이 반복되며 시간이 천천히 흘렀다. 그는 여전히 대장장이였다. 한결같이 땀 흘려 일하고, 거친 밥과 묽은 차를 마시고, 아이들이 자라는 걸 조용히 지켜보았다. 그리고 오랜 세월이 흐른 어느 날, 그가 처에게 말했다.

"이제 집으로 돌아가야겠어."

처가 말했다.

"여기가 당신 집이잖아?"

대장장이가 말했다.

"극락세계로 갈 거야."

그가 조용히 게송을 읊었다.

"딩딩당당 오래 담금질하여 강철을 만드는구나. 태평이 가까이 오니 나는 서방으로 간다."

　그날 밤 대장장이는 아주 평안한 얼굴로 눈을 감고 세상을 떠났다. 이 대장장이가 생전에 읊던 명호가 바로 '나무아미타불'이었다.

대장장이가
희망 없던 삶에서 벗어난 비결

　행각승의 가르침이 없었다면 대장장이는 원망으로 가득 찬 인생을 살았을 것이다. 삶이 고통스럽지만 그것을 바꿀 방법이 없으니 세상을 원망하고 하늘을 탓하는 것이다. 일종의 악순환이다. 날마다 하기 싫은 일을 하면서도 바꿀 수 없으니 참고 원망하며 하루하루를 산다. 그러다 보면 인생은 고역이 되고, 결국 죽을 때까지 원망하다가 우울하게 죽음을 맞는다.

주위를 둘러보면 이런 인생을 살고 있는 사람이 많다. 예나 지금이나 마찬가지다. 현실을 바꿀 힘도 없고, 현실을 직시하고 인정하고 싶지도 않다. 그런 삶은 인생이라기보다 원망과 분노 외엔 아무것도 없는 지루한 연속극 같다.

환경을 바꿀 수 없다면, 자기 자신을 바꾸는 수밖에 없다. 피하지 말고, 받아들이고, 내려놓는 것 외에 다른 방법은 없다. 사람들이 건강은 받아들이지만 병은 거부하고, 행복은 받아들이지만 불행에는 저항하며, 살아 있는 것은 받아들이지만 죽음은 외면하려고 한다. 하지만 이 모든 것이 동전의 양면이라는 사실을 잊고 있다. 동전의 한쪽 면만 갖고 다른 한쪽 면은 거절하는 것은 불가능하다. 이건 아주 명백한 진실이다.

이 진실을 외면한 채, 영원히 아프지 않고 건강하기만 할 수 있다는 착각에 빠져 건강 비결을 찾아다니고, 사업이 천년만년 순조롭기만 할 수 있다고 믿으며 점쟁이와 풍수가를 찾아가 비방을 구한다. 그러다가 병이 나거나 작은 좌절이라도 겪으면 환상과 원망에 기대어 현실에서 도피해 버린다. 하지만 살면서 닥치는 수많은 일들 가운데 우리가 바꿀 수 없는 것이 태반이다. 교통 체증만 해도 그렇다. 길에 차가 꽉 막혀 있으면 하늘을 날 수 없는 한, 그저 길이 뚫리길 기다릴 수밖에 없다. 피하지 말고 받아들이는 것 외에 달리 방법이 없다.

아무리 괴로운 일이든, 또 얼마나 즐거운 일이든, 그 모두가 자기 인생의 일부다. 세상을 원망할 것도 없고 하늘을 탓할 필요도 없다. 우리가 마주치는 모든 것은 좋든 나쁘든 인생이라는 나무에서 자라난 꽃이요 열매다. 좋은 일이든 나쁜 일이든 모두 인생의 방향을 바꾸는 한 계기가 될 수 있다. 그 일이 새로운 시작이 될 수 있다는 얘기다. 피하지 말고 용기와 지혜를 가지고 받아들여야 한다. 바꿀 수 없는 것을 바꿔야 한다. 그렇다. 바꿀 수 없는 모든 것은 사실 바꿀 수 있다. 깊은 고통을 바꾸면 깊은 평온함이 된다.

그런 다음, 철저히 내려놓아야 한다. 좋은 일이든 나쁜 일이든, 그 어떤 것도 인생의 짐이 되어서는 안 된다. 높이 날아오르길 갈망하는가? 자유를 갈구하는가? 그렇다면 좋은 것이든 나쁜 것이든, 성공이든 실패든, 즐거움이든 고통이든, 모두 내려놓으라. 삶은 원래 가볍고, 투명하고, 깨끗한 것이다. 그러므로 내려놓아야 한다.

어떻게 똑바로 바라보고, 받아들이고, 내려놓아야 할까? 앞에 나온 대장장이는 어떻게 자신의 숙명을 똑바로 바라보고, 받아들이고, 내려놓았는가? 어떻게 고통스러운 삶을 행복한 삶으로 바꾸었는가?

대장장이는 "온 마음을 다해서 아미타불을 읊기만 하면 됩니다"라는 행각승의 한 마디에 자신의 숙명에서 벗어났다. 정말일까? 대장장이를 직접 만나 물어볼 수 없으니 진위를 확인할 수는 없다. 그렇다면 직접 한번 해 보자. 마음을 고요하게 가라앉히고 아무것도 생각하지 말고 아미타불을 염불해 보고, 어느 정도 시간이 흐른 뒤 무슨 일이 일어나는지 보자.

《아미타경(阿彌陀經)》에서 알려 주는 이 방법을 누구나 일상에 활용할 수 있다. 환경과 현실은 바꿀 수 없어도 내 마음은 바꿀 수 있다. 자기 마음을 어떻게 바꿔야 할지 모른다면, 차분히 마음을 가라앉히고 온 마음을 다해서 나무아미타불을 5분 이상 염불해 보자.

초조하고 불안하고
걱정하는 사람들

성공 만능주의 사회에서 치열하게 경쟁하며 살고 있는 우리의 가슴 속에 가장 크게 자리 잡은 감정은 불안과 무력감이다. 아무리 강인한 정신력을 가진 사람도 인생의 여러 단계와 시기에 따라 불안과 초조를 경험하기 마련이다. 어려서는 시험이 닥

칠 때마다 초조하고, 조금 자라서는 취업을 위해 동분서주하며 불안하고, 더 나이가 들면 중요한 투자를 앞두고 깊게 고민하느라 괴롭다. 나이를 불문하고 누구나 크고 작은 초조함을 안고 살아간다. 초조함에 대처하고 자기감정을 관리하는 능력에 따라 하루를 잘 보낼 수도 있고, 그렇지 못할 수도 있다.

초등학생도 예외는 아니다. 요즘 아이들은 초등학생 때부터 쉴 틈 없이 이어지는 시험과 평가에 내몰려야 한다. 그런 아이들에게 시험으로 인한 초조함을 어떻게 극복하라고 말해 줄 것인가? 성인이 되어 사회에 나오면 살아남기 위해 사투를 벌이고 성공과 실패 사이에서 숱한 부침을 경험한다. 우리 자신은 또 어떻게 해야 경쟁으로 인한 초조함을 떨쳐낼 수 있을까? 시험을 앞둔 아이도, 중요한 투자를 결정해야 하는 어른도 모두 초조하고 불안하다. 어떻게 하면 좋을까?

소위 성공학에서 알려 주는 방법은 모두 달리는 말에 채찍질을 하라는 것뿐이다. "나는 1등을 할 수 있어. 난 할 수 있어. 반드시 해낼 거야. 난 기필코 성공할 거야. 성공해야만 해"라는 강렬한 자기 암시로 굳은 의지를 불태우면 자기도 몰랐던 잠재력이 발휘된다고 말한다. 하지만 그건 좋은 방법이 아니다. 가진 것보다 더 많이 뽑아 쓰는 '적자 전략'이기 때문이다. 기진맥진한 사람에게 마약을 주입해 억지로 정신이 들게 하는 것과 같다. 일시적인 각성 효과는 낼 수 있겠지만, 그로 인한 대가는 길고 고통스럽다. 성공을 최고의 목표로 삼는 성공학은 우리를 더 심각한 초조와 불안에 빠뜨린다.

그렇다면 외부의 힘을 빌려 가장 짧은 시간 내에 초조함을 극복할 수 있는 간단하고 구체적인 방법은 없을까?

물론 있다.

나무아미타불을 읊고 듣고 전하라

이 방법을 고안한 사람은 석가모니이고, 통틀어 3천 자도 되지 않는 《아미타경》에 기록되어 있다.

불경은 석가모니가 여러 장소에서 각각 다른 사람들에게 설법한 내용을 기록한 것인데, 설법의 주제는 모두 생사의 번뇌에서 영원히 벗어나는 방법이다. 그중에서도 가장 쉽고 단순한 방법이 바로 《아미타경》에 담겨 있다. 아무리 아둔한 사람이라도 원하기만 하면 이 방법을 금세 배워 실천하고 효과를 얻을 수 있다.

석가모니가 《아미타경》에서 알려 준 방법은 무엇일까? 큰 깨달음을 얻고 생사의 번뇌에서 영원히 벗어나고 싶다면, 다음의 세 가지만 실천하면 된다고 했다.

첫째, 서방에 극락세계가 있음을 굳게 믿어라.
둘째, 그 극락세계에 꼭 가고 싶다고 간절히 발원하라.
셋째, 고요한 마음으로 아미타불의 명호를 읊고, 아미타불이
자신을 서방 극락세계로 데려다줄 것이라고 굳게 믿어라.

이 방법은 한 마디로 염불이다. 어떤 부처를 외울까? 바로 나
무아미타불이다. 누구든 쉽게 배울 수 있고, 꾸준히 실천하면
자기감정을 다스리고 마음가짐을 변화시킬 수 있는 방법이다.

'나무아미타불'은 부처님의 가르침 중에서 가장 단순하면서도
가장 심오한 주문이다. 이 세상 곳곳에 절망이 도사리고 있고
무엇 하나 내 마음대로 되는 것이 없지만, 지금 어떤 상황에 처
해 있든, 아둔한 사람이든 똑똑한 사람이든, 한가할 때든 바쁠
때든, '나무아미타불'이라는 이 짧고 신비한 불호를 읊을 수는
있다.

이 방법은 '정신을 집중하고 나무아미타불을 염불한다'라는 단
한 줄로 요약할 수 있을 만큼 단순하다. 중국 정토종의 조정(祖
庭) 대안법사는 《정토종교정(淨土宗敎程)》에서 이렇게 말했다.

"해결하기 힘든 문제가 닥쳐 마음이 황망할 때 불호를 몇 번만 읊조려도 마음이 안정을 되찾고 이성적으로 일을 처리할 수 있고(智慧光佛), 욕심이 타올라 번뇌에 휩싸였을 때 진실한 마음으로 불호를 읊으면 마음이 말끔해진다(淸淨光佛). 또 역연(逆緣, 부모가 자식을 여의거나 젊은이가 늙은이보다 먼저 죽는 인연)을 만나 가슴 속에서 분노가 생길 때도 불호를 몇 번 읊으면 화가 누그러지고 자애로운 눈빛으로 서로 마주 볼 수 있고(歡喜光佛), 임종에 이르러 염불법문을 듣고 믿으며 온 마음을 다해 아미타불 명호를 읊으면 열 가지 소리가 하나로 모이고 아미타불의 인도를 받아 피안에 왕생하고 빠르게 성불할 수 있다."

이 책을 읽으면, 누구나 쉽고 빠르게 《아미타경》의 정수를 이해하고 초조함을 떨쳐낼 수 있다. 이 책을 읽고 나면, 이 방법이 바로 가장 짧은 시간에 초조함을 누그러뜨리는 최고의 방법이라는 점에 동의할 것이다. 한번 따라해 보라. 적어도 아무 손해는 없을 것이다.

불교가 친근하지 않은 사람이라면 아미타불 대신 자기가 제일 좋아하는 대상으로 바꿔도 무방하다. 아니면 인생에서 가장 큰 소원을 어떤 아름다운 이미지로 그려 놓고 초조한 감정이 차오를 때마다 가만히 앉아서 잡념을 몰아내고 그 아름다운 이미지를 떠올려도 된다. 가만히 앉아 잡념을 몰아낸 뒤 심호흡을 하며 팔다리의 긴장을 풀고 '나무아미타불'이라는 명호를 읊조리면 된다. 한번 해 보자. 어쩌면 정말로 아미타불이 먼 서방에서 보내는 축복을 받을 수도 있을 것이다.

페이융

차례

1장 내가 사는 곳은 천국인가 지옥인가

깨달으면 보이는 인생의 비밀

2장 내가 진정으로 원하는 것은 무엇인가

나무아미타불 염불을 읊기 전에

3장 입으로 아마티불을 읊고 귀로 아미타불을 들어라

나의 삶에 온전히 집중하는 법

4장　초조 불안 걱정이 단숨에 사라지는 신비한 주문

삶에 용기를 더하는 법

5장　다시, 내가 사는 곳은 천국인가 지옥인가

지옥 같은 현생에서 천국 같은 삶을 사는 지혜

소원 들어주는 부처
나무아미타불 이야기

초조와 긴장을 떨쳐 내고
빠르게 평온을 얻는 법

부처는 제자들의 다양한 질문을 받고 생사의 번뇌에서 영원히 벗어날 수 있는 방법을 알려 주었다. 8만4천 가지 법문이 있다고 할 만큼 부처는 수많은 방법을 얘기해 주었다. 그 방법들은 제각각 다르지만, 거의 모든 불경에서 공통적으로 강조하는 것은 그 방법을 스스로 깨달아야 한다는 것이다. 그런데 부처는 오직 《아미타경》에서만 아미타불의 명호를 조용히 읊기만 하면 아미타불의 축복을 받아 해탈할 수 있다고 말한다.

《아미타경》에서 부처는 제자들이 질문하지 않는데도, 서방에 극락정토가 있고 아미타불이 그곳에서 설법을 하고 있으니 거기로 가고 싶다고 발원한 뒤 모든 잡념을 버리고 아미타불의 명호를 염불한다면 사후에 극락세계로 왕생할 수 있다고 가르친다. 이것은 부처의 불법 중 가장 간단한 방법이다. 누구든 한 번만 들으면 따라 할 수 있다.

그토록 심오한 불법을 얘기해 온 부처가 어째서 이렇게 간단한 방법을 알려 주었을까? 아마도 이것이 부처의 자비일 것이다. 사람마다 근성이 다르고, 똑똑한 사람도 있고 아둔한 사람도 있으며, 이해력이 빠른 사람도 있고 느린 사람도 있다. 특히 부처는 이해력이 높지 않고 그리 똑똑하지 않은 사람들을 위해 이렇게 단순한 방법을 알려 준 것이다. 그들이 잡념을 버리고 아미타불의 서방정토에 마음을 집중하여 삼악도(三惡道, 지옥도, 아귀도, 축생도)에 떨어지지 않게 하려는 부처의 자비였다.

불교의 최종 목표는 성불이다. 이 목표를 이뤄야만 궁극적인 해탈을 얻어 더 이상 번뇌하지도, 윤회하지도 않을 수 있다. 불교의 교리에서는 성불해서 궁극적인 해탈을 얻기 전까지는 속세에서 계속 윤회해야 하므로 이번 생이 끝나도 다시 이 세상으로 돌아온다고 여긴다. 조금 나으면 신선이 되고, 조금 나쁘면 짐승으로 태어나는 차이가 있을 뿐이다. 해탈해야만 이 세상을 떠나 사후에 다시 돌아오지 않고, 생도 사도 없는 불생불멸(不生不滅), 늘어남도 줄어듦도 없는 부증불감(不增不減)의 공무(空無)로 갈 수 있다.

그러면 불성(佛性)과 공성(空性)의 도리를 알지 못하는 평범한 사람들은 어떻게 해야 속세의 번뇌에 방해받지 않고 성불할 수 있을까? 《아미타경》에서 부처는 그들을 위해 가장 간단한 방법을 생각해 낸 것이다. 심오한 도리를 이해하려고 애쓰지 않아도 되고 복잡한 수행을 할 필요도 없이 진심을 다해 조용히 '나무아미타불'을 읊기만 하면 된다.

초조함을 극복하는 것도 마찬가지다. 근본적으로 초조함을 극복하는 방법은 두 가지가 있다. 하나는 현대 개인심리학의 아버지 아들러의 말처럼 철저하게 이타적인 인간이 되는 것이다. 모든 사리사욕을 버리고 인류를 위한 공익사업에 헌신한다면 초조함에서 완전히 벗어날 수 있다. 다른 하나는 분석심리학의 창시자 융의 말처럼 자아를 인식하는 것이다. 자신이 어떤 사람인지 분명히 알고 일생 동안 무엇을 하며 살아야 하는지 아는 사람은 초조함을 느낄 이유가 없다.

하지만 우리 대부분은 완전한 이타심을 가질 수 없고, 또 자신이 도대체 어떤 사람이며 어떻게 살아야 하는지 알지 못한다. 이타적인 인간도 될 수 없고 자기인식도 할 수 없는 사람에게는 부처가 《아미타경》에서 말한 이 방법을 사용해서 가장 효과적으로 초조함을 극복할 수 있다. 이 방법을 실천하면 아주 빠르게 초조와 긴장을 떨쳐 내고 마음의 평온을 얻을 수 있다.

모든 길이 막혀
더 나아갈 수 없다면

자신이 원하는 것이 무엇인지 모르는 사람들이 많다는 사실을 깨닫게 한 사건이 있다. 어느 해 한 학기의 마지막 수업에서 어떤 학생이 내게 물었다.

"교수님, 반년만 있으면 졸업을 하는데 뭘 하면 좋을까요? 교수님의 조언이 필요합니다."

나는 이렇게 말했다.

"우선 마음을 차분히 가라앉히고 이번 생에 내가 원하는 것이 무엇인지 잘 생각해 보고, 그 다음엔 내가 할 수 있는 것이 무엇인지 생각해 보게. 그 두 가지를 분명히 안다면 아주 간단해지지. 자네가 하고 싶고, 또 할 수도 있는 일을 하면 돼. 직장을 구하는 일은 기술적인 문제야. 자신이 뭘 원하는지, 뭘 할 수 있는지 모르면, 기술이 아무리 좋아도 소용이 없네."

내 말을 이해한 듯 끄덕이는 학생도 있었지만, 막막한 표정을 짓는 학생도 있었다. 질문했던 학생이 말했다.

"교수님, 문제는 제가 뭘 원하는지, 뭘 할 수 있는지 모른다는 것입니다. 그래서 힘들고 막막합니다."

그때까지 나는 자기가 뭘 원하는지 모를 수도 있을 것이라고는 생각해 본 적이 없었기 때문에 "생각날 때까지 잘 생각해 보게"라고 대답할 수밖에 없었다. 그리고 몇 주 뒤, 그 학생이 괴로운 표정으로 말했다.

"교수님이 알려 주신 방법대로 마음을 차분히 가라앉히고 생각해 보았지만 아직도 모르겠습니다. 정말 모르겠습니다."

나는 가장 쉽고 단순한 방법을 알려 줬다고 생각했지만, 그 방법이 오히려 그 학생을 초조하고 번뇌하게 했던 것이다.
나는 무엇을 원하는가? 나는 무엇을 할 수 있는가? 이것? 아니면 저것? 동쪽으로 갈까? 서쪽으로 갈까? 어떤 이들에게는 이런 문제를 생각하고 결정하는 일이 자신에 대해 명징해지는 것이 아니라 오히려 부담이 되는 것 같다. 자신이 무엇을 원하는지 분명히 알고 싶지만 지금 무엇을 갖고 있는지조차 알 수 없고, 자신이 무엇을 할 수 있는지 알고 싶지만 지금 무엇을 하고 있는지도 알지 못하니 이러지도 저러지도 못하고 괴롭고 막막하고 초조한 것이다.

이건 그 학생만의 일이 아니다. 많은 사람이 이런 막막함과 초조함을 안고 살아간다. 내가 뭘 원하는지, 내가 뭘 할 수 있는지 모르고, 지금 있는 곳이 불만족스럽지만 어디로 가야 하는지 모른다. 중년의 고민은 주로 바꿀 것인가, 말 것인가에 있다. 이미 인생의 절반을 살았는데 이것이 정녕 내가 원하는 삶일까? 젊은이는 앞에 수많은 길이 놓여 있지만 그 중 하나만 선택해야 한다. 두 개의 강에 동시에 들어갈 수는 없다. 그래서 젊은이는 갈림길에서 서성인다. 중년이든 청년이든 언제나 망설이고, 방황하고, 발버둥질을 한다. 그렇게 망설이고 방황하는 사이에 인생이 흘러간다.

하지만 삶은 명징한 것이어야 한다. 결정하지 못하고 망설이며 허비해서는 안 된다. 그때까지 나는 자신이 진정으로 원하는 것이 무엇인지 알아야만 명징한 삶을 살 수 있다고 생각했다.

그런데 그 학생의 표정을 보며, 또 그와 똑같이 막막한 얼굴을 하고 있는 다른 학생들을 보며 나는 속으로 생각했다.

'자기가 뭘 원하는지, 뭘 할 수 있는지 알지 못해도, 혼돈과 무지에서 벗어나지 못해도, 그 삶이 명징하고 행복할 수는 없을까?'

나는 생각에 잠겼다. 비록 혼탁하고 시끄러운 세상에 살고 있지만, 잠시 잠깐 명징하고 행복한 얼굴을 본 적이 있지 않은가? 막막하고 두려울 때도 우리는 어렴풋이 명징함과 행복함을 느낄 수 있지 않은가?

그러자 한 사람이 떠올랐다. 주리반타가. 그는 아둔한 사람이었다. 출가해서 부처의 제자가 되었지만, 아무리 공부해도 부처의 도리를 이해할 수 없었고 짧은 게송조차 수없이 읽어도 외워지지 않았다. "어떻게 해야 합니까?"라고 묻는 그에게 석가모니는 이렇게 말했다.

"차분한 마음으로 바닥을 쓸어라. 불법을 이해할 수 없어도 비질은 할 수 있지 않느냐? 차분하게 바닥을 쓸어라. 바닥을 쓸 때는 '비질'이라는 단어만 읊으면 된다."

그때부터 주리반타가는 어려운 도리를 이해하려고 애쓰지 않고 마음 편히 비질만 했다. 잡념을 버리고 '비질'이라는 말을 외는 데만 집중했다. 삶의 매 순간이 평온하고 단순해졌다. 그렇게 세월이 흐르고 흐른 뒤 어느 날, 그는 문득 깨달았다. 비질이 속세의 먼지는 물론 마음에 쌓인 먼지까지 쓸어 없앨 수 있다는 사실을. 불법으로만 떨쳐 낼 수 있는 줄 알았던 욕심, 분노, 어리석음…. 이런 것들을 빗자루로 쓸어 없앨 수도 있다는 사실을. 그 순간 그는 눈앞이 밝아지고 마음이 탁 트였다. 훗날 그는 부처의 대제자가 되었다.

《아미타경》을 읽다 보면 만나는 장로사리불, 마하목건련, 마하가섭, 마하가전연, 마하구희라, 이파다, 난타, 아난타, 라후라, 교범파리, 빈두로파라추, 가류타이, 마하겁빈나, 박구라, 아누루타 같은 인물들이 바로 부처의 대제자들이다.

차분한 마음으로 바닥을 쓸어라. 부처의 이 한 마디로 모든 것이 단순 명료해졌다. 인생은 고통스럽게 매달릴 필요도, 애타게 갈구할 필요도 없다. 그러지 않아도 인생은 흘러간다. 내가 무엇을 원하는지 모르고 내가 무엇을 할 수 있는지 모르더라도, 밥을 먹어야 한다는 것, 잠을 자야 한다는 것은 알고 있지 않은가? 또 어떻게 비질을 하는지도 알고 있지 않은가? 그렇다면 지금 바로 마음을 차분히 가라앉히고 밥을 먹고, 잠을 자고, 바닥을 쓸라. 선택하기 힘들다면 선택하지 않는 것이 낫다. 길이 막혀 더 나아갈 수 없다면 멈추는 게 낫다. 걸음을 멈추고 자신에게 시간을 주자. 해답은 시간의 먼지 속에 감춰져 있다.

이것이 바로 내가 《아미타경》에서 배운 것이다. 자기가 무엇을 원하는지 모르고, 무엇을 선택해야 할지 모른다면, 마음을 차분히 가라앉히고 지금 할 수 있는 일을 하는 것이 낫다. 하다 보면 해답이 나타날 것이고, 하다 보면 자기도 모르는 사이 최종 목적지에 도착할 것이다.

나무아미타불은
어떻게 탄생했을까

온 마음을 집중해 정토에 가고 싶다고 생각하며 아미타불을 읊기만 해도 인생이 명징해지고, 마지막에는 정토에 다다라 그 극락세계에서 영원히 살게 될 것이다.

부처가 사위국 기수급고독원에서 설법한 내용은 《아미타경》에 기록되어 있고 왕사성에서도 이 법문을 설했는데, 그 내용은 《무량수경(無量壽經)》과 《관무량수경(觀無量壽經)》에 나누어 기록되어 있다. 이 법문의 핵심이 바로 아미타불이다. 부처는 아미타불이 서방 극락세계에서 불법을 설하고 있는데 잡념을 버리고 마음을 집중해 아미타불의 명호를 읊으면 서방 극락세계에 갈 수 있다고 말했다.

아미타불은 누구일까? 《아미타경》을 이해하려면 이것부터 알아야 한다. 아미타불의 일생을 알아야 《아미타경》에서 말하는, 아주 단순해 보이는 이 불법이 의미하는 바를 제대로 이해할 수 있다.

석가모니와 마찬가지로 아미타불 역시 불멸의 신이나 전지전능한 천신이 아니라 깨달음을 얻은 인간일 뿐이다. 석가모니와 마찬가지로 아미타불도 세요왕(世饒王)이라는 국왕이었다. 그가 세요왕이었던 시절에 세간자재왕여래(世間自在王如來)라는 부처가 불법을 설파하고 있었다.

사람들은 우리가 잘 아는 석가모니가 유일무이한 부처인 줄 알지만, 불교 신앙에 따르면 시간과 공간마다 각기 다른 부처가 있다. 석가모니불이 성불하기 전 전생에 연등불(燃燈佛)의 가르침을 받은 적이 있고, 불교에서 고불(古佛)이라고 하면 아주 오랜 옛날의 부처를 의미한다. 아주 오랜 옛날부터 수많은 부처가 있었고, 세요왕이 그 중 세간자재왕여래라는 부처를 만난 것이다.

세요왕은 세간자재왕여래의 설법을 듣고 깊은 감동을 받았다. 그는 어떻게 해도 속세의 생로병사를 바꿀 수는 없다는 것을 알았다. 그렇다면, 좋다. 내가 이 세상을 바꿀 수 없다면 직접 세상을 하나 만들자. 그렇게 해서 왕위를 버리고 법장(法藏)이라는 법명을 가지고 출가했다.

여기서 한 가지 비밀을 발견했을 것이다. 불경에 언급된 모든 부처들이 석가모니처럼 한 나라의 왕 또는 왕자였고, 나라를 버리고 다른 길, 다른 세상을 찾으러 다니다가 성불하여 청정한 불토를 만들었다는 사실이다.

출가한 법장비구가 세간자재왕여래에게 말했다.

"저는 지금 보살도를 수행하고 있으며, 성불하기로 결심했습니다. 불법을 따라 수행하고, 물러서지 않고 정진하여 부처의 경지에 도달할 것입니다. 부처께서 저를 위해 불법을 설해 주시면 굳게 믿고 따르겠습니다. 쉼 없는 생사윤회를 벗어나 무상정등정각의 지혜를 빠르게 얻을 것입니다. 제가 부처가 된다면 광명의 부처일 것이고, 제가 만드는 불국정토는 가장 아름다운 곳으로 시방에 알려질 것입니다. 날아다니는 파리, 기어 다니는 벌레까지 그 어떤 중생도 제 불토에 오면 모두 보살이 될 것입니다. 제 불토가 가장 완벽한 불토가 될 것임을 서원합니다. 제 서원이 이루어질 수 있겠습니까?"

그러자 세간자재왕여래가 법장비구에게 말했다.

"그대가 발원하고 진심으로 바라면 이루지 못할 것이 없다. 비유컨대 마치 한 사람이 바닷물을 한 말씩 헤아리고 몇 겁의 세월이 지나도록 포기하지 않는다면 마침내 바다가 바닥을 드러내는 것과 같다. 누구라도 지극한 마음으로 정도를 구하고 온 마음을 다해 노력하면 이루지 못할 서원이 없다. 어떤 방편을 닦아야 그대가 서원하는 장엄한 불토를 이룰 수 있는지, 어떻게 수행해야 그 서원을 성취할 수 있을지 깊이 생각해 보았느냐? 서원하는 청정 불토를 어떻게 세워야 하는지, 어떤 결정을 해야 하는지 스스로 알아야 한다."

법장비구는 세간자재왕여래의 뜻이 크고 깊어 자신의 현재 경지로는 충분히 이해할 수 없다고 말한 뒤, 여러 부처의 무량하고 아름다운 정토가 얼마나 훌륭한지 가르쳐 준다면, 모든 불국정토의 아름다움과 차이를 이해한 뒤 스스로 생각하고 수행하여 자신의 서원을 반드시 이루겠다고 했다. 그러자 세간자재왕여래가 210억 불국정토의 모든 공덕과 장엄하고 청정하며 광대하고 원만한 모습을 상세하게 얘기해 주며 그가 이 모든 정토를 볼 수 있도록 해 주었다.

210억 개나 되는 불국정토를 하나하나 다 보여 주는 데 얼마나 긴 시간이 걸렸을까? 천억 년이 걸렸다. 천억 년이 얼마나 긴 세월인가? 숫자로는 감히 헤아릴 수도 없이 장구한 세월이다. 그에 비하면 인간의 생 한 번, 1천 년, 1만 년은 찰나에 불과하다. 그러므로 어떤 상황에서든 조급할 필요가 없다. 천천히 해도 된다. 시간은 무한히 남아 있다. 생각하고 또 생각하고 분명해질 때까지 생각하기에도 충분하고, 우리 인생이 완전해지기에도 충분하다.

법장비구는 세간자재왕여래가 보여 준 시방불토를 모두 둘러본 다음 가장 크고 훌륭한 서원을 했다. 그가 본 모든 세계의 천인(天人)의 선과 악, 국토의 거침과 정묘함에 대해 일일이 세밀하게 생각한 뒤에 궁극의 도리를 깨달았다. 그는 자신의 서원에 따라 자신이 성취하고자 하는 불토가 어떤 곳인지 확실히 정한 뒤, 용맹하게 정진하고 부지런히 모색했으며, 공경하고 삼가는 마음으로 공덕을 수행했고, 다섯 겁의 긴 세월에 걸쳐 210억 개 불토의 공덕, 장엄함, 인과은보를 모두 이해했다. 법장비구가 수행에 정진하며 그 모든 장점을 모아 만든 불국정토는 그가 참고한 210억 개 불토를 훨씬 뛰어넘는 곳이었다.

법장비구가 헤아릴 수도 없는 시간을 거쳐 완벽한 불토를 창조한 것은 무엇 때문이었을까? 자기 즐거움을 위해서였을까? 자신의 영원한 피난처로 삼기 위해서였을까? 자신이 영원히 머무를 곳을 얻기 위해서였을까? 만약 그저 즐거움을 위한 것이었다면, 그는 수행하기 전에 이미 한 나라의 왕으로서 천당 같은 황궁에서 가장 부귀한 생활을 하고 있었다. 만약 자기만을 위한 낙원이 필요했던 것이라면, 황궁은 이미 그의 낙원이었다. 만약 영혼의 안식처가 필요했던 것이라면, 그에게는 이미 안식처가 있었다. 가장 아름다운 불토에 안주하면 모든 번뇌에서 벗어날 수 있었다.

법장비구는 평범한 국왕이 아니었던 것처럼 평범한 비구도 아니었다. 그는 속세의 무상함을 깨닫고 속세의 모든 것을 포기하는 용기를 가진 사람이었다. 그래서 법장비구가 된 후에도 그는 자신의 해탈에 만족하지 않고 더 큰 서원을 품었다. 모든 중생이 해탈을 얻도록 만들겠다는 것이었다. 완벽하게 아름다운 불토를 성취한 법장비구는 세간자재왕여래 앞에 가서 48가지 큰 서원(48대원. 24대원 또는 36대원이라고 말하는 이들도 있다)을 말했다. 그 후 이 서원을 따라 열심히 공덕을 쌓았고, 그리하여 마침내 우리가 잘 아는 아미타불이 탄생하였고 우리가 상상하는 가장 완벽한 정토가 이 우주에 생겨났다.

아미타불과 극락정토로 인해 우리 인생에도 최종 목적지가 생기고 가장 또렷한 방향이 생겼다. 그곳에 가면 아미타불을 만날 수 있다. 아미타불을 만나는 것은 진리를 만나는 것이자 무한함과 조우하는 것이다. 이 48대원은 인간 세상에서 가장 위대한 서원이라고 할 수 있을 만큼 훌륭하다.

사람들은 가지각색의 서원을 안고 살아간다. 하지만 생각해 보라. 우리가 가진 서원 중 타인을 위한 것이 얼마나 되는가? 영혼을 위한 서원이 얼마나 되는가? 우리가 가진 서원의 대부분은 우리 자신을 위한 것이고, 우리 육신의 만족을 위한 것이다. 아미타불의 48대원을 읽고, 자신의 영달이 아닌 타인을 위한 서원을 가져 보자. 육신의 쾌락을 위한 서원이 아닌 영혼을 위한 서원을 가져 보자. 그리고 매일 그 서원을 가슴에 품고 살면서 생활에 어떤 변화가 나타나는지 살펴보자.

법장비구는 48대원을 세운 뒤 아미타불이 되었다. 불경에 따르면, 그는 서원을 세운 뒤 진실한 지혜를 실천하여 한없고 끝없는 공덕을 쌓았고, 속세와 법계의 그 어떤 사물과 현상도 그를 속박하지 못했으며, 그의 법신은 일체의 장엄한 모습으로 극락정토에 나타났다.

석가모니는 아미타불에게는 일정하게 오는 곳도 없고 일정하게 가는 곳도 없으며, 생도 없고 멸도 없고, 과거도 현재도 미래도 없다고 했다. 다만 중생을 구제하겠다는 자신의 서원을 이루기 위해 지금 우리에게서 십만억불토나 떨어진 서방 극락세계에 나타난 것이다. 그래서 부처는 《아미타경》에서 "그 땅에 아미타라는 부처님이 계셔서 지금도 설법하고 계시니"라고 했다.

서원 하나만 실현되어도 인생이 달라진다

법장비구는 48대원을 세우고 아미타불이 되었다. 다음은 법장비구가 세운 48대원이다.

제1원 국중무삼악도원(國中無三惡道願)

만약 제가 부처가 될 때 서방정토에 지옥, 아귀, 축생 같은 삼악도가 있다면, 저는 결코 부처가 되지 않고 계속 속세에서 중생을 구제할 것입니다.

제2원 부복갱생악도원(不復更生惡道願)

제가 부처가 될 때 서방정토의 중생이 수명을 다한 뒤에 또다시 삼악도에 떨어진다면, 저는 결코 부처가 되지 않고 계속 속세에서 중생을 구제할 것입니다.

제3원 각득진금색신원(各得眞金色身願)

제가 부처가 될 때 서방정토의 중생의 몸에서 찬란한 금색 광명이 나오지 않는다면, 저는 결코 부처가 되지 않고 계속 속세에서 중생을 구제할 것입니다.

제4원 형색무유호축원(形色無有好醜願)

제가 부처가 될 때 서방정토의 중생에게 잘생긴 이와 못생긴 이의 차이가 있다면, 저는 결코 부처가 되지 않고 계속 속세에서 중생을 구제할 것입니다.

제5원 생자개득숙명원(生者皆得宿命願)

제가 부처가 될 때 서방정토의 중생이 백천억나유타(百千億那由他) 겁의 과거에 자신과 남들에게 일어난 일을 낱낱이 알 수 없다면, 저는 결코 부처가 되지 않고 계속 속세에서 중생을 구제할 것입니다.

제6원 개득천안철시원(皆得天眼徹視願)

제가 부처가 될 때 서방정토의 중생이 천안통(天眼通)을 얻어 백천억나유타 부처님들의 세계를 낱낱이 다 볼 수 없다면, 저는 결코 부처가 되지 않고 계속 속세에서 중생을 구제할 것입니다.

제7원 개득천이철청원(皆得天耳徹聽願)

제가 부처가 될 때 서방정토의 중생이 천이통(天耳通)을 얻어 백천억나유타 부처님들의 설법을 낱낱이 다 들을 수 없다면, 저는 결코 부처가 되지 않고 계속 속세에서 중생을 구제할 것입니다.

제8원 개득지타심염원(皆得知他心念願)

제가 부처가 될 때 서방정토의 중생이 타심통(他心通)을 얻어 백천억 불토 중생의 생각을 낱낱이 다 알 수 없다면, 저는 결코 부처가 되지 않고 계속 속세에서 중생을 구제할 것입니다.

제9원 개득신족비행원(皆得神足飛行願)

제가 부처가 될 때 서방정토의 중생이 순간의 생각만으로 백천억 불토를 날 수 없다면, 저는 결코 부처가 되지 않고 계속 속세에서 중생을 구제할 것입니다.

제10원 불기탐계신견원(不起貪計身見願)

제가 부처가 될 때 서방정토의 중생이 반야(般若)의 공성(空性)으로 자신의 욕심과 집착을 깨뜨릴 수 없다면, 저는 결코 부처가 되지 않고 계속 속세에서 중생을 구제할 것입니다.

제11원 정정필지열반원(正定必至涅槃願)

제가 부처가 될 때 서방정토의 중생이 대승(大乘)의 정정취(正定聚)에 안주하지 못하고 대승의 열반에 이르지 못한다면, 저는 결코 부처가 되지 않고 계속 속세에서 중생을 구제할 것입니다.

제12원 광명편조십방원(光明遍照十方願)

제가 부처가 될 때 광명이 백천억나유타 부처들의 세계를 낱낱이 다 비출 수 없다면, 저는 결코 부처가 되지 않고 계속 속세에서 중생을 구제할 것입니다.

제13원 수명동불영구원(壽命同佛永久願)

제가 부처가 될 때 서방정토의 중생이 적어도 백천억 겁의 긴 수명을 얻지 못한다면, 저는 결코 부처가 되지 않고 계속 속세에서 중생을 구제할 것입니다.

제14원 성문광다무량원(聲聞廣多無量願)

제가 부처가 될 때 서방정토의 중생에게 헤아릴 수 없는 성문(聲聞), 연각(緣覺)의 성중(聖衆)이 없다면, 저는 결코 부처가 되지 않고 계속 속세에서 중생을 구제할 것입니다.

제15원 수명수단수의원(壽命修短隨意願)

제가 부처가 될 때 서방정토의 중생이 무한한 수명을 갖지 못하고 자기 수명을 원하는 대로 결정할 수 없다면, 저는 결코 부처가 되지 않고 계속 속세에서 중생을 구제할 것입니다.

제16원 국중무불선명원(國中無不善名願)

제가 부처가 될 때 서방정토의 중생이 악법의 이름을 듣는다면, 저는 결코 부처가 되지 않고 계속 속세에서 중생을 구제할 것입니다.

제17원 제불칭명찬탄원(諸佛稱名讚嘆願)

제가 부처가 될 때 시방세계의 헤아릴 수 없는 모든 부처님들이 한 목소리로 제 명호를 찬양하지 않는다면, 저는 결코 부처가 되지 않고 계속 속세에서 중생을 구제할 것입니다.

제18원 십념개생아국원(十念皆生我國願)

제가 부처가 될 때 시방세계의 중생이 제 명호를 들은 뒤 지극한 마음으로 믿고 기뻐하며 몸, 입, 마음으로 모든 선을 행하고 정토에서 태어나길 기원하는데 제 명호를 열 번을 불러도 정토에서 태어날 수 없다면, 저는 결코 부처가 되지 않고 계속 속세에서 중생을 구제할 것입니다.

제19원 근수아개접인원(勤修我皆接引願)

제가 부처가 될 때 시방세계의 중생이 보리심을 내어 보살행을 닦고 저의 불국정토에서 태어나기를 일심으로 발원한 뒤 임종을 맞이하는 순간 제가 관음(觀音), 세지보살(勢至菩薩)을 이끌고 가서 그들을 저의 불국정토로 데려와 태어나게 할 수 없다면, 저는 결코 부처가 되지 않고 계속 속세에서 중생을 구제할 것입니다.

제20원 계념필득왕생원(系念必得往生願)

제가 부처가 될 때 시방세계 중생이 저의 명호를 듣고서 일심으로 극락세계를 생각하며 선근(善根)을 심고 속세와 법계의 모든 공덕을 널리 닦는데도 원하는 대로 극락세계에서 태어날 수 없다면, 저는 결코 부처가 되지 않고 계속 속세에서 중생을 구제할 것입니다.

제21원 각구삼십이상원(各具三十二相願)

제가 부처가 될 때 서방정토의 중생이 32상(三十二相)을 모두 갖출 수 없다면, 저는 결코 부처가 되지 않고 계속 속세에서 중생을 구제할 것입니다.

제22원 보살일생보처원(菩薩一生補處願)

제가 부처가 될 때 서방정토의 중생이 일생보처(一生補處)에 다다르지 못하면, 저는 결코 부처가 되지 않고 계속 속세에서 중생을 구제할 것입니다. 다만 그들이 보현보살처럼 중생을 구제하기 위하여 광대한 서원의 갑옷을 입고 탁한 세상으로 돌아가 모든 중생을 교화하고 중생으로 하여금 불법을 믿고 진리를 추구하는 깨달음의 도를 닦게 하고자 한다면 그들의 뜻을 따를 것입니다. 하지만 속세로 돌아간 보살들이 어떤 생사의 바다에서 살든 삼악도를 영원히 벗어나지 못하고 원만한 생명을 얻지 못한다면, 저는 결코 부처가 되지 않고 계속 속세에서 중생을 구제할 것입니다.

제23원 일시보공제불원(一時普供諸佛願)

제가 부처가 될 때 서방정토의 보살이 부처의 신묘한 힘을 받아 수많은 부처를 공양하되, 한 끼 공양하는 짧은 시간 동안 무량무수억나유타(無量無數億那由他)의 세계를 다 돌아다닐 수 없다면, 저는 결코 부처가 되지 않고 계속 속세에서 중생을 구제할 것입니다.

제24원 공구자개여의원(供具自皆如意願)

제가 부처가 될 때 서방정토의 보살이 시방세계 모든 부처 앞에서 무한히 많은 공양물로 공덕과 지혜를 나타내고자 하는 마음이 있으나 원하는 공양물이 저절로 얻어지지 않는다면, 저는 결코 부처가 되지 않고 계속 속세에서 중생을 구제할 것입니다.

제25원 보살연일체지원(菩薩演一切智願)

제가 부처가 될 때 서방정토의 보살이 부처처럼 훌륭한 지혜를 갖고 일체지(一切智)를 연설할 수 없다면, 저는 결코 부처가 되지 않고 계속 속세에서 중생을 구제할 것입니다.

제26원 보살득금강신원(菩薩得金剛身願)

제가 부처가 될 때 서방정토의 보살이 금강처럼 굳센 몸을 얻지 못한다면, 저는 결코 부처가 되지 않고 계속 속세에서 중생을 구제할 것입니다.

제27원 만물실개수특원(萬物悉皆殊特願)

제가 부처가 될 때 서방정토의 중생과 만물이 지극히 장엄하고 청정하고 빛나고 아름다워 형언할 수 없는 경지에 다다르지 않는다면, 저는 결코 부처가 되지 않고 계속 속세에서 중생을 구제할 것입니다.

제28원 보살도수보견원(菩薩道樹普見願)

제가 부처가 될 때 서방정토의 보살이 오래 수행한 성현보살이든 공덕이 적은 보살이든, 사백만 리를 비추는 높은 보리수를 보지 못한다면, 저는 결코 부처가 되지 않고 계속 속세에서 중생을 구제할 것입니다.

제29원 수경보득지변원(受經普得智辨願)

제가 부처가 될 때 서방정토의 보살이 경을 읽고 또 남에게 설법하는 언변과 타인을 깨우쳐 주는 지혜를 얻지 못한다면, 저는 결코 부처가 되지 않고 계속 속세에서 중생을 구제할 것입니다.

제30원 혜변무유한량원(慧辨無有限量願)

제가 부처가 될 때 서방정토의 보살이 무량한 지혜와 언변을 얻지 못한다면, 저는 결코 부처가 되지 않고 계속 속세에서 중생을 구제할 것입니다.

제31원 정국조견시방원(淨國照見十方願)

제가 부처가 될 때 서방정토의 그 어느 곳이든 거울처럼 맑아 시방의 모든 부처 세계를 비출 수 없다면, 저는 결코 부처가 되지 않고 계속 속세에서 중생을 구제할 것입니다.

제32원 엄식초제천인원(嚴飾超諸天人願)

제가 부처가 될 때 서방정토의 땅이나 허공에 있는 모든 궁전
과 누각, 연못, 꽃, 나무 등 모든 사물이 무량한 보배와 백천 가
지 향으로 이루어지지 않는다면, 또 그 향기가 시방세계에 두루
풍길 때 그 향기를 맡은 다른 세계 보살들이 저절로 불도 수행
에 정진할 마음이 생기지 않는다면, 저는 결코 부처가 되지 않
고 계속 속세에서 중생을 구제할 것입니다.

제33원 몽광촉신획익원(蒙光觸身獲益願)

제가 부처가 될 때 시방의 수많은 부처 세계에 있는 중생이
제 밝은 빛을 받고 심신이 부드러워지고 편안하고 즐거워지며
천인을 초월할 수 없다면, 저는 결코 부처가 되지 않고 계속 속
세에서 중생을 구제할 것입니다.

제34원 개득법인총지원(皆得法忍總持願)

제가 부처가 될 때 시방의 수많은 부처 세계에 있는 중생이
저의 아미타불 명호를 듣고도 모든 사물이 무생무멸함을 인정
하는 지혜인 무생법인(無生法忍)과 모든 진언을 기억하여 잊지 않

는 지혜인 총지(總持)를 얻지 못한다면, 저는 결코 부처가 되지
않고 계속 속세에서 중생을 구제할 것입니다.

제35원 신악영리여생원(信樂永離女生願)

제가 부처가 될 때 시방의 수많은 부처 세계에 있는 여인이
저의 아미타불 명호를 듣고 기뻐하며 보리심을 발하였지만 생
명이 끝난 뒤 또다시 여자로 태어난다면, 저는 결코 부처가 되
지 않고 계속 속세에서 중생을 구제할 것입니다.

제36원 근수필성불도원(勤修必成佛道願)

제가 부처가 될 때 시방의 수많은 부처 세계에 있는 모든 보
살이 저의 아미타불 명호를 듣고도 생명이 끝난 뒤 계속해서 청
정한 수행을 닦아 성불의 경지에 다다를 수 없다면, 저는 결코
부처가 되지 않고 계속 속세에서 중생을 구제할 것입니다.

제37원 귀의감동천인원(歸依感動天人願)

제가 부처가 될 때 시방의 수많은 부처 세계에 있는 모든 중
생이 저의 아미타불 명호를 듣고도 지극한 공경심이 생겨 오체
투지 하고 경건하게 예배하고 보리심을 발하여 마음을 다해 정
진하며 보살의 수행을 닦지 않는다면, 저는 결코 부처가 되지

않고 계속 속세에서 중생을 구제할 것입니다.

제38원 묘복자연재신원(妙服自然在身願)

제가 부처가 될 때 서방정토의 모든 중생이 옷이 필요할 때 마음대로 얻을 수 없고 재단하고 꿰매고 염색해야 한다면, 저는 결코 부처가 되지 않고 계속 속세에서 중생을 구제할 것입니다.

제39원 수락동우누진원(受樂同于漏盡願)

제가 부처가 될 때 서방정토의 모든 중생이 누리는 즐거움이 모든 번뇌에서 벗어난 아라한(阿羅漢)보다 못하다면, 저는 결코 부처가 되지 않고 계속 속세에서 중생을 구제할 것입니다.

제40원 수의견제불국원(隨意見諸佛國願)

제가 부처가 될 때 서방정토의 보살이 시방의 수많은 장엄한 불토를 보고자 할 때 보배 나무 사이에서 자유롭게 볼 수 없다면, 저는 결코 부처가 되지 않고 계속 속세에서 중생을 구제할 것입니다.

제41원 문명제근구족원(聞名諸根具足願)

제가 부처가 될 때 다른 국토의 수많은 보살이 저의 아미타불 명호를 들은 뒤 성불할 때까지 눈, 귀, 코, 혀, 몸, 생각 등 육근 (六根)을 온전히 갖출 수 없다면, 저는 결코 부처가 되지 않고 계속 속세에서 중생을 구제할 것입니다.

제42원 실득청정해탈원(悉得清淨解脱願)

제가 부처가 될 때 다른 국토의 수많은 보살이 저의 아미타불 명호를 들은 뒤 청정한 해탈삼매(解脱三昧)를 얻고 그 삼매에 안주하며 찰나의 짧은 시간에 무한히 많은 부처에게 공양을 바쳐도 삼매의 마음이 흩어지지 않게 할 수 없다면, 저는 결코 부처가 되지 않고 계속 속세에서 중생을 구제할 것입니다.

제43원 문명생처존귀원(聞名生處尊貴願)

제가 부처가 될 때 다른 국토의 수많은 보살이 저의 아미타불 명호를 들은 뒤 후세에 존귀한 사람으로 태어날 수 없다면, 저는 결코 부처가 되지 않고 계속 속세에서 중생을 구제할 것입니다.

제44원 수행구족덕본원(修行具足德本願)

제가 부처가 될 때 다른 국토의 수많은 보살이 저의 아미타불 명호를 들은 뒤 기뻐서 환호하고 보살의 수행을 닦아 모든 공덕

의 근본을 갖출 수 없다면, 저는 결코 부처가 되지 않고 계속 속
세에서 중생을 구제할 것입니다.

제45원 개득삼매견불원(皆得三昧見佛願)

제가 부처가 될 때 다른 국토의 수많은 보살이 저의 아미타불
명호를 들은 뒤 모든 부처를 뵐 수 있는 삼매를 얻고, 이 삼매의
경지에 안주하여 성불할 때까지 수많은 일체 부처를 뵐 수 없다
면, 저는 결코 부처가 되지 않고 계속 속세에서 중생을 구제할
것입니다.

제46원 자연득문묘법원(自然得聞妙法願)

제가 부처가 될 때 서방정토의 보살이 갖가지 묘법을 원하는
대로 자유로이 들을 수 없다면, 저는 결코 부처가 되지 않고 계
속 속세에서 중생을 구제할 것입니다.

제47원 즉득불퇴전원(卽得不退轉願)

제가 부처가 될 때 다른 국토의 수많은 보살이 저의 아미타불
명호를 들은 뒤 불퇴전(不退轉) 경지에 들 수 없다면, 저는 결코
부처가 되지 않고 계속 속세에서 중생을 구제할 것입니다.

제48원 즉득제인구경원(即得諸忍究竟願)

제가 부처가 될 때 다른 국토의 수많은 보살이 저의 아미타불 명호를 들은 뒤 음향인(音響忍), 유순인(柔順忍), 무생법인(無生法忍)의 세 가지 법인(法忍)을 얻고 일체 제법에서 불퇴전의 경지에 다다를 수 없다면, 저는 결코 부처가 되지 않고 계속 속세에서 중생을 구제할 것입니다.

나무아미타불은 궁극의 이상적 경지다

아미타불의 48대원을 가만히 읽어 보면 '정토'라는 가장 중요한 개념을 발견할 수 있다. 아미타불이 한 나라의 국왕에서 법장비구가 되었다가 아미타불이 된 것은 그가 뛰어난 서원의 힘과 수행을 통해 가장 청정한 세계, 번뇌와 더러움이 없는 극락세계를 성취했기 때문이다. 그래서 아미타불에 대해 얘기하려면 정토의 개념을 빼놓을 수 없다.

정토를 불교의 한 종파인 정토종으로만 알고 있는 사람도 있다. 정토종은 염불왕생을 강조하는 종파다. 하지만 태허대사, 인순법사 등은 정토가 특정 종파의 전유물이 아니라 불교의 모든 종파가 정토를 믿는다고 했다. 율종만이 계율을 강조하는 것이 아니라 불교 전체가 계율을 바탕으로 하고 있는 것과 같은 이치다.

정토란 불교의 가장 이상적인 경지다. 불교에서는 속세를 더 럽혀진 세계로 본다. 범부(凡夫)의 마음이 욕심, 분노, 어리석음으로 더럽혀진 것과 같다. 이 세계는 외부 환경부터 사람들의 마음속까지 모두 깨끗하지 못하다. 그러므로 불교는 이 세계의 온갖 더러움을 씻어내 청정하게 만드는 것을 이상으로 삼고, 가장 먼저 중생의 마음을 청정하게 하고자 한다. 그래서 아미타불은 중생이 고통에서 벗어나 기쁨을 얻는 정토 세계를 만들겠다는 서원을 세웠으며, 그의 성불은 정토를 이룬 상징이 되었다.

물론 불교에서 정토는 아미타불만 있는 것이 아니다. 약사불(藥師佛)도 있다. 약사불은 동방정토를, 아미타불은 서방정토를 상징한다. 태양이 동쪽에서 떠서 서쪽으로 지는 과정은 세상에 태어나서 살다가 죽는 사람의 인생과 비슷하다. 하지만 불교에서 죽음은 종결을 의미하지 않는다. 태양이 서쪽 지평선 밑으로 사라진다고 해서 그 빛이 사라지는 것이 아니라 새로운 시작을 준비하는 것처럼 말이다. 그러므로 아미타불의 서방정토는 원만함의 상징이자 최종적으로 돌아가 의지할 곳을 의미한다.

미륵정토(彌勒淨土)도 있다. 미륵불은 원시의 경문에서 '달'을 의미했다. 달의 밝음은 어둠 속의 밝음이다. 그래서 미륵의 정토

는 인간 세상의 정토다. 어째서 인간 세상의 정토일까? 불교 교
리에 따르면, 미륵불은 미래의 어느 때가 되면 도솔천에서 다시
인간 세상에 내려와 정토를 만들 것이라고 한다. 경문에 따르
면, 미륵이 인간 세상으로 돌아올 때 전륜성왕이 출현할 것인데
그는 무력으로 세상을 다스리는 것이 아니라 덕행과 사상으로
세상을 하나로 만들 것이다.

다시 아미타로 돌아와 보자. 산스크리트어의 'amita'는 '무량'이
라는 뜻이므로 아미타불은 무량불, 즉 무한히 많은 부처를 의미
하기도 하고, 극락세계의 미타불(彌陀佛)을 의미하기도 한다. '무
량'이라는 의미가 아미타불이 모든 부처를 하나로 모아 놓은 부
처임을 상징하는 것이다. 《관무량수경》에서 아미타불을 만나는
것은 시방의 모든 부처를 만나는 것이라고 했다. 또 아미타불은
태양이 세상을 널리 비추고 광명이 영원하다는 뜻이며, 어둠이
없는 세상, 무한한 수명을 의미하기도 한다. 부처는 이미 시간
을 초월한 존재이므로 당연히 무한한 수명을 가지고 있다.
　평범한 사람들에게 무한한 부처, 무한한 빛, 무한한 수명은 가
장 아름다운 소원이다. 이 아름다운 소원들이 모여 아미타불이
라는 명호와 형상이 되었으므로 아미타불은 가장 아름다운 세
계의 빛을 가져와 가장 아름다운 세계로 가는 길을 비춰 주는

부처다.

불교에서 아미타불과 관세음보살은 모두 자비의 상징이지만, 각각 관장하는 영역이 다르다. 관세음보살은 주로 속세의 각종 재난에서 중생을 구제하고, 아미타불은 생사윤회의 고통에서 중생을 구제하여 중생이 생사에서 해탈하고 속세의 번뇌에서 벗어나도록 돕는다. 사람들이 각종 질병에 걸리거나 재난이 닥치면 관세음보살에게 축복을 기원하고, 속세의 속박에서 벗어나 사후에 더 이상 윤회하지 않길 바랄 때는 아미타불의 축복을 기원한다.

아미타불은 궁극의 이상적인 경지다. 아미타불이 법장비구였을 때 우리가 살고 있는 이 더러운 세상 밖에 아름답고 청정한 세상이 있을 것이라고 믿었고, 훗날 그는 정말로 그런 궁극의 세계를 창조했다. 아미타불의 명호를 읊을 때 우리는 이 세상이 아무리 어두워도 광명의 천당이 있음을 믿는다. 광명에 대한 신념과 갈망이 우리에게 어두운 세상을 헤쳐 나갈 용기와 힘을 줄 수 있다. 아미타불의 명호를 읊을 때 우리는 우리가 생각하는 가장 이상적인 최종 목표에 도달할 수 있을 것이라고 믿는다. 최종 목표에 대한 신념과 갈망이 있기에 세상의 어떤 고난과 역경도 참아 낼 수 있다.

평범한 사람이 복을 얻는
가장 간단한 방법

부처는 《아미타경》에서 아미타불에 대한 믿음으로 성불하는 염불 법문을 가르쳐 주었다. 부처는 서방 극락세계의 아름다움을 묘사한 뒤, 모든 중생이 서방 극락세계로 가기를 기원해야 한다고 말하며 그 방법을 매우 구체적으로 알려 주었다.

"만일 어떤 선남자, 선여인이 아미타불의 이야기를 듣고 그 명호를 굳게 지녀 하루, 이틀, 사흘, 나흘, 닷새, 엿새, 이레 동안 일념으로 집중하여 흐트러지지 않으면, 그가 임종할 때 아미타불이 여러 성중(聖衆)과 함께 그 앞에 나타날 것이며, 그가 생을 마칠 때 마음이 바뀌지 않고 곧바로 아미타불의 극락국토에 왕생할 것이다."

이 염불 방법은 그저 입으로 읊기만 하면 그만이므로 아주 간단해 보이지만, 사실 마음은 다른 데 두고 입으로만 읊으면 되는 것이 아니라 '일념으로 집중하여 흐트러지지 않고' 염불하는 것이다. 더 깊이 들어가 보면, 《아미타경》의 이 염불 법문에는 신(信), 원(願), 행(行)이라는 세 가지 중요한 요소가 들어 있다.

첫째, '신(信)'은 믿음이다. 무엇을 믿어야 할까? 아미타불의 청정 국토가 궁극적인 이상세계임을 믿고, 아미타불의 자비로운 서원의 힘이 자신을 서방정토로 데려갈 수 있음을 믿어야 하며, 일념으로 집중하여 나무아미타불을 읊으면 심신이 청정해질 수 있음을 믿어야 한다.

둘째, '원(願)'은 기원이다. 아미타불의 정토를 믿고, 일심 염불의 기묘한 작용을 믿는다 해도, 서방정토에 가기를 기원하지 않고 아미타불의 자비로운 서원의 인도를 받고자 기원하지 않으면 서방정토에 갈 수 없다. 현실 생활에서 하버드 대학교에 가고 싶다는 바람조차 없다면 절대로 하버드 대학교에 갈 수 없는 것과 같다. 모든 일이 그렇지 않은가? 어떤 일을 이루고 싶다는 강렬한 바람이 있어야만 그 일을 이룰 수 있다.

셋째, '행(行)'은 행동이다. 어떤 행동일까? 우선, 정토왕생(淨土往生, 죽어서 극락에 다시 태어남)을 위한 보조적인 수행이 필요하다. 《아미타경》에서 "얼마 안 되는 선근의 복덕 인연으로는 저 나라에 태어날 수 없다"고 했다.

평소에 꾸준히 선을 쌓고 덕을 행하며 선의 씨앗을 심어야 한다. 매우 중요한 요소인데도 소홀히 여기는 사람이 있다. 그들은 염불하거나 부처를 공양하기만 하면 부처의 보우를 받을 수 있다고 착각한다. 한쪽으로는 남을 속이고 비리를 저지르고 나쁜 짓을 하면서 또 한쪽으로는 경건한 모습으로 불주를 걸고 매일 염불하고 절에 가서 향을 올리며 절한다. 실제로 주변에서 이런 사람을 본 적이 있을 것이다. 하지만 이렇게 하는 염불이 무슨 소용이 있겠는가? 이건 거짓 염불이다. 부처는 《아미타경》에서 "얼마 안 되는 선근의 복덕 인연으로는 저 나라에 태어날 수 없다"라고 짧지만 단호하게 말했다.

정토왕생을 위해 필요한 행동 중 가장 중요한 것은 '나무아미타불'을 읊는 것이다. 어떻게 염불할까? 당나라 때 법조대사의 오회염불법(五會念佛法)이라는 것이 있다. 제1회에는 평성으로 천천히 나무아미타불을 읊고, 제2회에는 평상성으로 천천히 나무아미타불을 읊으며, 제3회에는 느리지도 빠르지도 않게 나무아미타불을 읊는다. 제4회에는 점점 빠르게 나무아미타불을 읊고, 제5회에는 아미타불 네 글자만 빠르게 읊는다.

신, 원, 행 세 가지가 모두 어우러져야만 완전한 염불이 된다. 염불할 때 가장 중요한 것은 '일념으로 집중하여 흐트러지지 않는 것'이다.

대만의 고승 인순법사는 "염불할 때 얼마나 긴 시간을 외는지, 또는 몇 번을 외는지는 중요하지 않다. 중요한 것은 일념으로 집중하여 흐트러지지 않는 것이다. 경서에서도 염불은 하루만 할 수도 있고 이레 동안 할 수도 있으며, 한 번 읊을 수도 있고 열 번 읊을 수도 있다고 했다. 진정으로 모든 인연을 내려놓고 오로지 아미타불만 읊는다면, 잠깐씩 짧게 이어지는 염불이라도 일념으로 집중하여 흐트러지지 않는 것이고, 이런 정념(淨念)이 이어지면 정토에 왕생할 수 있다. 모든 잡념을 버리고 정념의 상태가 될 때마다 청정한 노래가 들리거나 향기가 풍기거나 광명이 나타날 것이다"라고 말했다.

좋아하는 것과
잘하는 것 사이에서

아미타불은 위진남북조 시대에 중국에 전해졌다. 그때 인도 승려 강승개가 《무량수경(無量壽經)》을 번역하고, 구마라습이 《아미타경》을 번역하고, 강량야사가 《관무량수불경(觀無量壽佛經)》을 번역했다. 여기에 보리류지가 번역한 천친보살의 《왕생론(往生論)》을 더한 '3경1론'이 초기 정토 수행자들의 가장 중요한 경전이었다. 당나라 때 현장도 《아미타경》을 번역해 《칭찬정토불섭수경(稱讚淨土佛攝受經)》이라는 불경을 남겼다. 《아미타경》은 당나라 때 한반도로 전해진 뒤 다시 일본에 전파되었다.

일반적으로 동진 시대의 혜원대사를 중국 정토종의 시조로 본다. 그는 여산에서 연사(蓮社)를 결성하고 염불 법문을 수행했다. 혜원대사부터 근대의 인광대사에 이르기까지 총 13대에 걸친 정토종의 조사(祖師)를 차례로 열거하면 다음과 같다.

제1조 여산 동림사 혜원대사, 제2조 장안 광명사 선도대사, 제3조 남악 반주사 승원대사, 제4조 오대 죽림사 법조대사, 제5조 신정 오롱사 소강대사, 제6조 항주 영명사 연수대사, 제7조 항주 소경사 성상대사, 제8조 항주 운서사 연자대사, 제9조 천목 영봉사 우익대사, 제10조 우산 보인사 절류대사, 제11조 항주 범천사 성암대사, 제12조 홍라 자복사 철오대사, 제13조 소주 영암사 인광대사

불교가 인도에서 중국으로 전해진 뒤 부처가 말한 여러 불법이 중국에서 번역되고 신도가 생겨났지만, 그중에서 가장 널리 퍼진 종파가 선종과 정토종이다. 정토종의 역대 조사마다 세부적인 방법은 조금씩 달랐지만 서방정토에 왕생하기를 기원하며 잡념을 버리고 염불할 것을 강조했다는 점은 모두 같다. 그들은 이것이 서방정토에 왕생하는 최고의 방법이라고 했다.

문헌 기록에 따르면, 이 조사들은 모두 자신의 사망 시기를 미리 알았고, 임종이 다가오면 제자들을 모아 놓고 몇 마디 당부를 남긴 뒤 편안하게 세상을 떠났다고 한다. 그 때문에 중국인은 정토종이 편히 죽는 방법을 수행하는 종파라고 말하기도 한다. 개똥밭에 굴러도 이승이 좋다는 속담이 있다. 이 말을 깊이 들여다보면, 살아 있는 매순간을 소중히 여겨야 하며, 그래야만 자연스럽게 죽음이 당도했을 때 두려움도 미련도 없이 윤회의 고통에서 완전히 해탈해 서방 극락세계에 왕생할 수 있다고 일깨워 주고 있다.

하지만 정토종이 편히 죽는 방법을 수행하는 종파라는 말은 반은 맞고 반은 틀리다. 앞에서 말했듯이 정토는 불교의 가장 기본이 되는 이상적 경지이고, 또 불교 수행의 근본 목적이기 때문이다. 불교는 자신과 중생을 청정하게 하고 세상을 청정하게 하기 위한 종교다. 또 정토종 조사들만 자연사를 평온하게 맞이한 것도 아니다. 불교의 수많은 고승들이 그러했다. 선종의 문헌 기록에도 평온하게 입적한 고승들의 이야기가 많다.

사실 불교의 여러 종파는 단순히 구분하기 편하도록 나눠 놓은 것일 뿐 실제로는 근본적인 차이 없이 대동소이하다. 송나라 때 영명대사가 쓴 〈사료간(四料揀)〉이라는 시를 보면 선종과 정토종의 관계를 깊이 이해할 수 있다.

참선하고 정토왕생을 바라며 염불하면
뿔 달린 호랑이처럼 위세 있고 맹렬하여
현세에는 중생의 스승이 될 수 있고
내세에는 불도를 얻으리라.

참선하지 않으나 정토왕생을 바라며 염불하면
이런 사람이 만 사람 있으면 만 사람 모두 정토왕생 할 수 있다.
아미타불을 뵐 수만 있다면
어찌 깨닫지 못할까 근심하리오.

참선하지만 정토왕생을 바라며 염불하지 않으면
열 사람 중 아홉은 잘못된 길로 떨어지게 되나니,
죽음이 닥쳐 금생과 전생의 모든 선악 업력이 한꺼번에 나타
났을 때
눈 깜짝할 사이에 그중 강한 업력에 휩쓸려 그에 상응하는
선악도로 가게 된다.

참선하지 않고 정토왕생을 바라며 염불하지도 않으면
임종 때 지옥의 쇠 침대와 불타는 구리 기둥이 나타날 것이니
만겁과 천생의 고통을 받도록

도와줄 사람 하나 만나지 못하리.

선종이 깨달음과 명심견성(明心見性)을 통해 자신의 본모습을 들여다볼 것을 강조한다면, 정토종은 정토왕생을 발원하며 잡념을 버리고 염불할 것을 강조한다. 전자가 더 높은 차원의 수행이고, 후자는 낮은 차원인 것처럼 보이지만, 영명대사는 선종과 정토종을 비교하며 두 가지가 모두 중요하다고 말하고 있다.

가장 이상적인 것은 인식 면에서 궁극의 경지에 다다라 이 세상과 인간의 삶을 훤히 통찰하는 동시에, 정토에 왕생하기를 기원하며 일념으로 염불하는 것이다. 그렇게 하면 진정한 깨달음을 얻을 뿐 아니라 실제 생활에서도 번뇌에서 자유로울 수 있다.

그런데 만약 이 두 가지를 모두 갖추지 못하고, 인식 면에서는 궁극적인 경지에 다다르지 못했지만 염불은 궁극의 경지에 다다라 꾸준히 염불을 한다면 언젠가 꽃이 활짝 필 날이 있을 것이고, 반대로 인식 면에서는 궁극적인 경지에 다다라 자신의 본모습을 보았지만 차분히 염불하길 원치 않는다면 그의 인식은 허공에 붕 뜬 것이므로 인생을 진정으로 변화시킬 수 없다. 이것이 영명대사의 생각이었다.

영명대사의 이런 생각은 우리 실생활에도 적용할 수 있다. 자기 인생의 최종 목표와 의미가 무엇인지 분명히 알고 마음을 집중해 어떤 구체적인 일을 꾸준히 할 수도 있다면 초조함과 번뇌에서 벗어나 평온한 일생을 살 수 있다.

하지만 사실 젊었을 때는 자기 인생의 목표나 삶의 의미를 깨닫기가 쉽지 않다. 심지어 죽을 때까지 깨닫지 못하기도 한다. 그렇다면 지금 자신이 할 수 있는 한 가지 일에 집중하는 것이 낫다. 잡념을 버리고 차분한 마음으로 꾸준히 하다 보면 어느 순간 갑자기 눈앞이 환해지고 삶의 의미와 인생의 최종 목표가 저절로 분명해질 것이다.

그런데 만약 인생의 최종 목표도 알고 자신이 무엇을 원하는지도 알지만 현실을 바꾸고 이미 길들여진 생활을 바꿀 용기가 없거나 매일 하기 싫은 일을 억지로 하며 불평불만을 쏟아내기만 할 뿐 목표를 향해 다가갈 방법을 찾으려 하지도 않는다면, 자기 인생의 의미를 한다고 한들 그게 무슨 소용이겠는가!

1장

내가 사는 곳은
천국인가
지옥인가

깨달으면 보이는 인생의 비밀

믿지 않으면
기적은
일어나지 않는다

　진리를 믿고 불성(佛性)이 곧 진리임을 믿는다면, 윤회, 인과, 시공의 존재를 믿는다는 뜻이다. 이것들의 존재를 어떻게 증명하느냐 묻는 것은 기독교에서 하나님의 존재를 어떻게 증명하느냐고 묻는 것과 같다. 사실 누구도 증명할 수 없기 때문에 '각지(覺知)', 즉 '깨달아 안다'는 표현을 쓸 수밖에 없다. 신도들은 증명할 필요가 없으며 깨달아 알아야 한다. 어떻게 하면 하나님을 깨달아 알고 하나님에게 다가갈 수 있는지가 핵심이 된다.

　불교도의 진정한 문제는 어떻게 시공을 깨달아 알고 시공에 가까이 다가갈 것인지에 있다. 시공은 어떻게 묘사하고 설명해도 말로 전할 수 없고 그저 마음속으로 이해할 수 있을 뿐이다. 석가모니가 《금강경(金剛經)》에서 '공(空)'을 분명히 밝혀 설명했지만, 평범한 사람들에게는 그 역시 너무 심오하다. 손에 잡히지도 않는 '공'을 어떻게 이해할 것인가?

그러자 석가모니는 《아미타경》에서 평범한 사람들의 사유 방식과 속세의 중생이 이해할 수 있는 방법으로 극락세계에 대해 이야기했다. '공'이 눈에 보이지 않는 '무'라면, 극락세계는 눈에 보이는 '유'다. 석가모니는 《금강경》에서 만물은 허망한 공이라고 했지만, 《아미타경》에서는 서방에 극락세계가 있다고 했다. 마치 이 두 불경이 우주의 이치를 두루 담고 있는 듯하다.

공, 불성, 진여(眞如) 같은 개념은 이해하기도 수행하기도 힘들고, 가까이 다가가기도 다다르기도 어렵다. 그런데 석가모니는 《아미타경》을 통해 그것들을 내려놓으라고 했다. 어려운 것들은 내려놓고 오직 서방에 있는 극락세계, 그 완전무결한 극락세계만 생각하고, 그것을 믿기만 하면 된다. 그곳이 있음을 믿기만 하면 그곳에 가서 완전한 해탈을 얻을 수 있다.

정말로 그런 극락세계가 있을까? 동서남북 상하좌우의 모든 부처가 석가모니가 말한 극락세계가 진실로 존재함을 숱하게 증명했다. 물론 모든 부처의 말은 진실이다. 그걸 믿지 않는 사람에게는 그 세계가 존재하지 않는다. 사랑을 믿지 않는 사람에게 사랑이 찾아오지 않는 것과 같은 이치다. 사랑을 얻고 싶다면 사랑을 믿어야 한다.

우리가 돈을 갖고 싶어 하는 건 돈으로 더 안락한 생활을 살 수 있다고 믿기 때문이다. "세상에 좋은 남자(여자)가 하나도 없어"라고 푸념하는 여자(남자)들이 있다. 그런데 세상에 좋은 남자(여자)가 하나도 없다고 믿으면 좋은 남자(여자)가 어떻게 눈앞에 나타날 수 있겠는가? (물론 좋은 이성을 만나고 싶다면 자신이 먼저 좋은 사람이 되어야 한다고 말하는 사람들도 있다.) 또 요즘 사회에는 좋은 사람이 하나도 없다며 혀를 차는 사람들도 있다. 하지만 이 사회와 인간의 본성에 대한 신뢰가 없다면 좋은 사람이 눈에 들어올 리 없다.

삶의 원동력은 믿음에서 나온다. 배움으로 운명을 바꿀 수 있다고 믿으면 열심히 공부하게 되고, 환경보호로 지구를 살릴 수 있다고 믿으면 자발적으로 탄소 배출을 줄이려고 노력한다. 이 세상에 살고 있는 한 믿어야만 하는 것들이 있다. 정의, 자유, 공평함, 사랑 등등. 무엇을 믿느냐가 삶의 모습을 결정한다. 많은 믿음 중에 가장 궁극적인 믿음이 바로 종교에 대한 믿음, 즉, 신앙이다. 초인적인 존재 또는 절대적인 진리를 무조건 믿고 의지하는 것, 자아를 완전히 잊고 신앙과 하나가 되는 것. 이것이 바로 가장 철저한 믿음이다.

《열반경(涅槃經)》에서는 "큰 믿음이 불성이고, 불성이 곧 여래다"라고 했고, 인광대사도 "부처님 말씀을 굳게 믿고 의심이 하나도 없는 것을 비로소 진정한 믿음이라고 한다", "정토 법문이 이처럼 크고 넓으며 수행 방법 또한 지극히 간단하고 쉬운 까닭에 의심하지 않고 확신하기가 매우 어렵다. 범부만 믿지 못하는 것이 아니라 성문, 연각 이승조차도 의심한다", "염불 수행에 깊숙이 들어가 절정에 이르기를 바란다면 '믿음'이라는 첫째 요건을 긴급히 구하지 않을 수 없다"라고 했다. 인순법사가 이 많은 말들의 핵심을 한 마디로 요약해 이렇게 말했다.

"믿지 않으면 불법의 공덕은 생겨나지 않는다."

삶의 원동력은 믿음에서 나온다.
배움으로 운명을 바꿀 수 있다고 믿으면 열심히 공부하게 되고,
환경보호로 지구를 살릴 수 있다고 믿으면
자발적으로 탄소 배출을 줄이려고 노력한다.

지옥에서
천사를 믿지 못하면
악마가 된다

가짜 약, 멜라민 분유, 저질 식용유, 유독성 쌀, 물 먹은 돼지, 가짜 술…. 곳곳에 가짜가 판치는 사회에서 과연 무엇을 믿을 수 있을까? 불안과 의심만 가슴속에 쌓여 간다. 식품의 안전성을 믿지 못하고, 사람들의 양심을 믿지 못하고, 경쟁이 공평하다고 믿지 못한다. 세상에 믿을 게 하나 없다는 탄식이 절로 나온다. 하지만 지옥에서 천사를 믿지 못하면 결국 악마가 되고, 어둠 속에서 광명을 믿지 못하면 결국 어둠에 침식된다.

석가모니가 우리 곁에 있다면 아마 이렇게 말할 것이다.

"재난이든, 타락이든 그저 뜬구름이니라. 영원한 안녕과 영원한 순결함은 서쪽으로 십만억불토 떨어진 극락세계에 있다. 그곳에는 태어남도 죽음도 없고, 거짓도 죄악도 없으며, 선량함도 진실함도 없다. 오로지 고요함만 있을 뿐이다. 석가모니를 믿고 극락세계를 믿는다면, 내가 가서 의지할 가장 아름다운 세계가 앞에 있음을 믿고, 요란한 속세 뒤에 고요함이 숨겨져 있음을 믿는 것이다. 그것은 그 어떤 변화도 초월하는 고요함이다."

그렇다면 어떤 변화가 닥치든, 얼마나 큰 재난이 발생하든, 제 아무리 끔찍한 죄악이든, 피하지 않고 담담히 대할 수 있다. 마음속에 광명과 천사가 있고 영원한 진리와 고요함이 있는데 그 무엇이 나를 무너뜨릴 수 있겠는가. 험한 산길이나 황량한 사막을 걷는 여행자는 수많은 어려움과 좌절 속에서도 자기 앞에 아름다운 성이 있음을 굳게 믿는다. 자기 앞에 최종 목적지가 있다는 믿음이 있으므로 아무리 고통스러워도 참을 수 있고, 아무리 지치고 피곤해도 멈춰 서서 짐승과 섞여 뒹굴지 않는다.

믿음은 씨앗이다. 무엇을 믿느냐에 따라 나의 세상에 각기 다른 꽃이 피고 다른 열매가 맺는다. 내가 날 수 있다고 믿으면 정말로 날게 된다. 꽃들이 필 것이라고 믿으면 정말로 봉오리를 터뜨리며 만개한다. 생활을 바꿀 수 있다고 믿으면 정말로 생활이 바뀐다. 하늘을 믿으면 내 몸속에 하늘이 생기고, 대지를 믿으면 내 몸속에 대지가 생긴다. 부처를 믿으면 부처가 내 몸에 깃들고, 아름다움을 믿으면 내 몸이 아름다워지며, 사랑을 믿으면 사랑이 마치 공기처럼 나를 감쌀 것이다. 또 꿈을 믿으면 그 꿈이 곧 현실이 될 것이다.

서방에 극락세계가 있음을 굳게 믿고 의심하지 않으면, 그 세계가 바로 내 세계가 될 것이다.《화엄경(華嚴經)》에 이르기를 "믿음은 진리의 근원이자 공덕의 어머니이며, 모든 선업의 뿌리를 길러 내고, 의심의 그물을 끊고 애착을 벗어나 그보다 더 위가 없는 열반의 도를 열어 보인다"라고 했고, 연지대사는 "정토에 왕생하려면 믿음이 있어야 한다. 천 가지 믿음에서 천 가지가 나오고, 만 가지 믿음에서 만 가지가 생겨난다"라고 했다.

자기 앞에 최종 목적지가 있다는 믿음이 있으면
아무리 고통스러워도 참을 수 있고,
아무리 지치고 피곤해도 멈춰 서서 짐승과 섞여 뒹굴지 않는다.

우리는
절망을 위해서가 아니라
희망을 위해서 산다

많은 이들이 초조함에서 벗어나지 못하는 것은 현실에 만족하지 못하면서도 변화하기를 거부하고, 그렇다고 떠날 용기도 없어서 현실과 타협한 채 계속 살아가기 때문이다. 그래서 늘 걱정하고 원망하다가 그것이 하루하루 반복되며 악순환이 된다.

《아미타경》은 우리에게 아주 간단한 방법을 알려 주고 있다. 이 세상이 만족스럽지 않다면 더 좋은 세상이 있다는 것을 믿고 오로지 그 세상만 생각하며 그 세상을 찾으라. 현재에 만족하지 못하고 초조해하며 언젠가 죽기만을 기다리지 말고, 이상적인 세계를 찾겠다는 희망 속에서 인생의 불꽃을 태워 보라.

지금 다니고 있는 직장이 마음에 들지 않는다면 망설이지 말고 더 좋은 직장을 찾고, 지금 살고 있는 도시가 불만스럽다면 망설이지 말고 더 좋은 도시로 이사하라. 지금 이 나라가 좋지 않다고 생각하면 망설이지 말고 더 좋은 나라를 찾고, 이 지구가 좋지 않다고 생각한다면 망설이지 말고 더 좋은 행성을 찾아 떠나라. 가난한 삶에 만족할 수 없다면 주저하지 말고 부자가 되기 위해 노력하고, 평범한 삶에 만족할 수 없다면 주저하지 말고 비범한 사람이 되려고 노력하라.

그러나 더 좋은 직장으로 옮기면 또 새로운 고민거리가 생길 것이고, 더 좋은 도시로 옮기면 또 새로운 초조함이 생길 것이며, 더 좋은 나라로 옮기면 또 새로운 불안이 생길 것이고, 더 좋은 행성으로 떠나도 또 새로운 외로움을 느낄 것이다. 그리고 돈을 더 많이 벌어 부자가 되어도 새로운 모순이 생겨날 것이고, 비범한 사람이 되어도 새로운 절망감은 찾아올 것이다.

그렇다면 주저하지 말고 계속 찾으면 된다. 괜찮다. 원래부터 완벽하지 않은 이 세상에서 사는 것 자체가 무언가를 찾는 여정이다. 더 좋은 곳에 가기 위해 끊임없이 걸음을 내디디고, 끊임없이 변화시킬 수 있다.

당연히 원한다면 멈출 수도 있다. 머뭇거리지 말고 즉시 멈추라. 괜찮다. 이 불완전한 세상에서는 그 무엇도 완벽하지 않으니까. 완벽한 사랑도 완벽한 사회도 없고, 완벽한 사람도 완벽한 나라도 없다. 그러므로 멈춰 서서 어차피 반복될 뿐인 인생이라는 이 힘든 여정을 더 이상 반복하지 말고, 방관자이자 감상자의 입장이 돼라.

물론 찾기를 계속하든 멈춰 서든, 각양각색의 크고 작은 고민은 계속 안고 살아갈 것이다. 고민이란 공기처럼 어디에든 있는 것이다. 찾든 멈추든 고민은 완전히 사라지지 않는다. 그렇다 해도, 설령 고민이 당신을 둘러싸더라도, 산더미 같은 고민이 당신을 숨도 못 쉬게 짓누른다 해도, 절망은 금물이다. 절망하지 말라. 우리는 절망을 위해서가 아니라 희망을 위해 살고 있다. 그러니까 절망하지 말라.

세상은 끝없이 넓고, 당신은 고작 도시 몇 개, 나라 몇 개, 아니, 오직 지구라는 행성에서만 살아 보았을 뿐이다. 이 아득한 우주와 이 아득한 우주의 밖에 우리가 한 번도 가 보지 못한 세상이 얼마나 많겠는가?《아미타경》에서 우리 세계의 동쪽에 무한한 세계가 있고, 우리 세계의 남쪽에도 무한한 세계가 있으며, 우리 세계의 서쪽에도 무한한 세계가 있고, 우리 세계의 북쪽에도 무한한 세계가 있다고 했다. 또 우리 세계의 아래쪽과 위쪽에도 무한한 세계가 있다고 했다.

과학자들은 우주에 블랙홀이 있는데 그곳에 들어가면 시간도 멈춰 응고된다고 말한다. 아인슈타인의 상대성이론에 따르면, 사람이 블랙홀 근처에 갔다가 지구로 다시 돌아오면 지구의 시간이 수백 년이나 흘러 있을 것이라고 한다. 지구의 시간은 이미 수백 년이 흘렀지만 그 사람은 아직 그 전 시간대의 한 점에 머물러 있는 것이다. 블랙홀을 통과하면 시간과 우리 우주를 초월해 다른 우주로 갈 수 있다. 시간도 사라질 수 있고, 공간도 사라질 수 있다. 우리가 무한하다고 생각하는 우주조차 존재의 전부가 아니다. 저 아득한 허공 속에 도대체 몇 개의 우주가 있을까? 미지의 우주가 몇 개나 있을까?

이 작디작은 직장, 작디작은 도시, 작디작은 나라 때문에 절망할 필요가 있는가? 이 세상 밖에 향기로운 풀이 가득한데 말이다. 곳곳에 당신이 좋아하는 향기로운 풀이 자라고 있다. 그러므로 희망은 언제나 풀처럼 한없이 싹트고 무한히 자라난다.

희망은 언제나 당신이 가장 절망했을 때 나타난다. 태양이 서쪽으로 질 때, 가장 찬란한 석양이 점점 사라질 때, 어둠이 곧 대지를 삼키려고 할 때, 석가모니는 지는 해를 가리키며 말한다.

"여기서 서쪽으로 가면 극락세계가 있다. 해가 지는 방향에서 극락세계, 번뇌가 없는 세계를 찾을 수 있다. 그러므로 번뇌에 휩싸여 있어도 절망하지 말라. 해가 지는 곳을 보면 그곳에는 어둠이 아닌 빛이 있다. 그 빛이 번뇌가 없는 세계를 비추고 있다."

이것은 2,500여 년 전 사위국 기수급고독원에서 석가모니가 제자들에게 했던 말이다. 그는 확신에 찬 목소리로 아무도 묻지 않은 얘기를 했다.

"여기서 서쪽으로 십만억불토 떨어진 곳에 극락이라는 세계가 있다."

절망하지 말라.
우리는 절망을 위해서가 아니라 희망을 위해 살고 있다.
그러니까 절망하지 말라.

고통은
담담히 받아들일 때
치유될 수 있다

이상적인 세계를 어째서 극락세계라고 부를까? 석가모니는 그 세계에 그 어떤 고통도 없고 오직 갖가지 기쁨만 있기 때문에 그곳을 '극락'이라고 부른다고 했다. 기쁨만 흘러넘치는 세계이므로 극락세계라고 부른다. 번뇌가 없는 세계이므로 극락세계라고 부른다.

속세에는 수많은 바다가 있고 그 바다가 흘러 흘러 결국에는 고통의 바다인 고해(苦海)가 된다. 속세에는 수많은 열매가 있는데 결국에는 모두 쓰디쓴 열매인 고과(苦果)가 된다. 그 누구도, 그 어떤 일도, 고통을 피할 수 없다. 믿지 못하겠다면 훗날 임종을 맞이했을 때, 정신이 아직 또렷하다면, 지나온 삶을 돌이켜 보라. 승자가 있었는가? 패자가 있었는가? 완벽한 시작이 있었는가? 완벽한 결말이 있었는가? 아니면, 역사를 자세히 읽어 보아도 좋다. 유구한 역사에서 영원한 승자가 있었는가? 영원한 패자가 있었는가?

모든 것은 돌고 돌아 윤회한다. 세상 모든 일이 거의 다 그렇다. 당신이 지금 고통스럽다는 걸 잘 안다. 석가모니는 모든 사람이 고통스럽다는 걸 알고 있었다.

누가 삶의 고통에서 빠져나갈 수 있을까?(生, 태어남) 누가 늙음의 고통을 피할 수 있을까?(老, 나이듦) 누가 병듦의 고통에서 벗어날 수 있을까?(病, 병듦) 누가 죽음의 고통을 면할 수 있을까?(死, 죽음) 누가 원증회(怨憎會, 원망과 미움)를 떨쳐낼 수 있을까? 누가 애별리(愛別離, 사랑과 이별)의 고통을 겪지 않고 살 수 있을까? 누가 오성음(五盛陰)의 고통과 무관할 수 있을까? 마르지 않는 부를 가져도, 무한한 권력을 가져도, 신비한 초능력을 가져도, 몸에 병이 나면 고통스럽고, 실연하면 상심하고, 또 모든 사람은 점점 늙어가다가 결국에는 죽는다.

고통을 피할 수 있는 사람은 이 세상에 없다. 그렇다면 고통을 담담히 받아들이는 것 말고 다른 방법은 없다. 나도 내가 지금 고통스럽다는 걸 알지만 도피하고 싶지는 않다. 고통이 있기에 순간순간 찾아오는 기쁨과 감격을 느낄 수 있기 때문이다. 고통이 없다면 기쁨도 없다는 걸 나는 분명히 알고 있고, 지금의 행복이 결국에는 사라진다는 것도 분명히 알고 있다. 그래서 나는 그저 평온함을 유지하고 싶다. 평온함에서 얻는 기쁨을 누리고 싶다.

그러기 위해서는 자비와 지혜를 배워야 한다. 나의 수행이 온전한 자비와 지혜에 다다르지 못하면 속세에서 해탈할 수 없다. 그러면 석가모니는 이렇게 말할 것이다. 아직 기회가 있다고, 왕생할 때 네게 충분한 자량(資糧, 선근과 공덕)이 있다면 서방정토로 갈 수 있다고 말이다. 석가모니가 말한 그곳은 또 다른 세계다. 서방의 극락세계에는 그 어떤 고통도 없으며, 기쁨, 안온함만 있을 뿐이다.

속세에서는 봄이 오면 꽃이 만발함을 받아들여야 하고, 여름이 오면 무더위를 받아들여야 하며, 가을이 되면 만물이 시들고 떨어짐을 받아들여야 하고, 겨울이면 살을 에는 추위를 받아들여야 한다. 하지만 석가모니는 서방의 극락세계에는 오직 안온함만 있다고 했다. 사계절의 순환도 없고, 더위와 추위도 없으며, 꽃이 피고 지는 것도 없다. 모든 계절이 그저 평온하고 똑같이 아름답다.

속세에서는 태양이 떠오르면 어쩔 수 없이 일해야 하고, 태양이 지면 어쩔 수 없이 자야 한다. 속세에는 험준한 산도 있고 드넓은 평원도 있고, 넓은 강도 있고 작은 시내도 있다. 이런 자연의 변화와 그 변화로 인해 나타나는 마음의 변화를 받아들여야만 한다. 하지만 극락세계에는 어둠도 없고 밤도 없고, 비도 내리지 않고, 산도 강도 없다. 오직 황금과 일곱 가지 보물이 깔린 평탄한 대지만 펼쳐져 있다. 그것은 한없는 장엄을 의미하며, 재난도 고통도 번뇌도, 터럭만 한 잘못된 마음도 없음을 의미한다.

속세에서는 모든 사람이 인내해야 한다. 인생의 무상함을 인내하고, 고통을 인내해야 한다. 그래서 석가모니는 이 세상을 중생이 갖가지 고통을 참고 견뎌야 하는 세계라는 뜻에서 '사바세계'라고 불렀다. 또 석가모니는 우리가 살고 있는 이 세계가 유일무이한 세계가 아니라 수많은 세계가 더 있으며, 그 수많은 세계 중에서 가장 즐겁고 번뇌가 없는 세계가 바로 극락세계라고 했다.

현생은 이 세계에서 태어났으므로 이 세계의 모든 것을 겪어야 하지만, 다음 생은 극락세계로 날아가 더 이상 인내할 필요가 없이 기쁘고 자유롭게 살 수 있다. 그곳에서의 삶은 오로지 지극한 즐거움(극락)만 있을 것이다.

고통을 피할 수 있는 사람은 이 세상에 없다.
그렇다면 고통을 담담히 받아들이는 것 말고
다른 방법은 없다.

좁쌀 한 톨의 속세와
망망대해의
극락세계

우리가 살고 있는 속세는 혼란으로 가득 차 있다. 도시의 북적이는 거리, 분주한 사람들로 가득 찬 사무실. 곳곳에서 싸움이 일어나고, 도처에 쓰레기가 쌓여 있고, 어딜 가든 더러움이 존재한다. 혼란한 세상을 채운 형형색색의 사물과 광경이 우리 눈을 가린다. 주가 변동 그래프, 사업 실적 통계, 사회의 미래, 운명의 흐름 등등 우리는 수많은 것들을 꿰뚫어 보고 싶어 하지만, 일생 동안 모든 노력을 다 쏟아 붓고 난 뒤 결국에는 자신이 장기판의 말에 불과했음을 깨닫게 된다. 우리를 움직이는 그 거대한 손을 우리는 영원히 볼 수 없다.

한 생을 끝마친 뒤 극락세계에 간다면 그제야 모든 게 또렷해지고, 모든 비밀이 겹겹이 쌓여 있던 베일을 벗고 우리 앞에 모습을 드러낸다. 석가모니는 사리불에게 이렇게 말했다.

"극락세계는 보배로 된 일곱 겹의 난간에 둘러싸여 있고, 보배로 된 일곱 겹의 그물에 싸여 있으며, 보배로 된 일곱 겹의 나무가 줄지어 서 있다. 이 정결하고 아름다운 세계를 극락세계라고 한다."

모든 것이 이토록 분명하고 또렷하다. 석가모니는 극락세계를 겹겹이 에워싸고 있는 난간, 그물, 나무가 100겹도 아니고, 90겹도 아니고, 7겹이라고 했다. 마치 7이라는 숫자에 모든 비밀이 들어 있는 것 같다. 극락세계의 모든 공간이 7이라는 숫자 안에 펼쳐져 있는 듯하다. 상상해 보라. 어째서 7이라는 숫자가 우리에게 영원한 안락의 공간을 만들어 주는 걸까?

석가모니는《아미타경》에서 극락세계에 일곱 겹의 난간과 일곱 겹의 보배 그물과 일곱 겹의 보배 나무가 있고, 또 일곱 가지 보물이 있다고 했다. 《성경》에서 하나님은 이레 동안 인류를 창조했고, 지금 우리가 생활하는 가장 기본적인 주기도 일주일이다. 7일이 마치 아주 작은 창세기 같다.

공교롭게도 중국 신화에서 여와가 생명을 창조할 때도 역시 이레가 걸렸고, 이레째 되는 마지막 날 인간을 만들었다. 그래서 음력으로 매월 초이레는 인류의 생일, 즉 인일(人日)이라고 부른다. 중국에서 서양의 밸런타인데이와 비슷한 연인의 날은 음력 7월 7일이고, 그 외에도 '7'에 관한 것들이 많다. 교통수단이 전혀 없었던 아주 오랜 옛날부터 동서양 모두 '7'은 '온전함', '신비함'의 상징이었다.

속세에서는 아무리 노력해도 온전해질 수 없다. 생사가 반복되는 세계에서는 빛이 없는 가운데 모든 것이 윤회한다. 우리가 아는 것은 좁쌀 한 톨이고, 우리가 모르는 것은 망망대해다. 그런데도 우리는 이 좁쌀이 망망대해라고 착각하며 살고 있다.

《무량수경》에서 석가모니는 아난에게 극락세계에는 날씨의 변화도 없고 강과 바다도 없고 산과 구릉도 없다고 했다. 오로지 저절로 생겨난 일곱 가지 보물과 황금으로 깔린 대지밖에 없고, 광활하고 평평하고, 오묘하고 신비하며, 청정하고 장엄하다고 했다. 그러자 아난이 물었다.

"극락세계에 수미산(須彌山)이 없다면, 그 불토의 사천왕(四天王), 제석(帝釋) 등 천신은 어디에서 사나요?"

석가모니가 반문했다.

"야마(夜摩), 도솔(兜率)과 무색계(無色界)에 이른 천신들은 어디에서 사느냐?"

아난이 대답했다.

"그들은 불가사의한 업력에 의해 '공(空)' 안에서 살고 있습니다."

석가모니가 말했다.

"그렇다면 극락세계의 천신들에게도 각자 합당한 살 곳이 있다. 그들은 일곱 겹의 난간과 그물과 나무 사이에서 산다. 그곳은 '공'보다 더 청정한 세계이며, 모든 오묘함이 다 드러나고, 모든 진리가 다 드러나며, 그 어떤 경계도 모두 사라진 곳이다. 모든 것이 다 분명해지면 안온함과 청정함만 남는다. 황금이 깔린 대지는 사실 아무것도 없이 텅 비어 있다."

우리가 아는 것은 좁쌀 한 톨이고,
우리가 모르는 것은 망망대해다.
그런데도 우리는 이 좁쌀이
망망대해라고 착각하며 살고 있다.

생명의 물이 샘솟고
거대한 연꽃이
가득한 곳

극락세계에는 번뇌도 몽매함도 없고 오로지 기쁨과 온전함만 있으며, 진리가 환하게 드러나 있다. 이 얼마나 아름다운 세계인가. 그곳에는 수많은 연못이 있고 연못마다 깨끗하고 신묘한 물이 흘러넘쳐 모든 먼지와 때를 깨끗이 씻어 낸다.

그 연못들은 일곱 가지 보배로 만들어져 있는데, 《무량수경》에 따르면, 황금 연못에는 백은 모래가, 백은 연못에는 황금 모래가 깔려 있고, 수정 연못에는 유리 모래가, 유리 연못에는 수정 모래가 깔려 있으며, 산호 연못에는 호박 모래가, 호박 연못에는 산호 모래가 깔려 있다. 자거 연못에는 마노 모래가, 마노 연못에는 자거 모래가 깔려 있고, 백옥 연못에는 자마금 모래가, 자마금 연못에는 백옥 모래가 깔려 있다.

또 물이 아무리 깊어도 연못 바닥의 보배 모래가 환히 드러나 비치고, 잔잔한 물결이 빠르지도 느리지도 않게 출렁이며, 그 물결이 부딪치며 한량없이 미묘한 소리가 울려나오는데 가장 심오한 불법이 그 안에 담겨 있다. 그 소리를 한 번만 들어도 마음이 청정해지고 분별하는 마음이 사라진다. 더욱 기묘한 것은 사람의 마음에 따라 물이 깊어지기도 하고 얕아지기도 하고, 따뜻해지기도 하고 차가워지기도 하며, 빨라지기도 하고 느려지기도 한다. 연못가에 향기 나는 나무와 열매가 달린 나무가 가득 심어져 있는데, 무성한 나뭇잎이 수면을 뒤덮고 온갖 향기를 발산한다.

연못에서 목욕을 할 수도 있는데, 이 물은 단순한 물이 아니라 여덟 가지 이득을 주는 팔공덕수(八功德水)다.

첫 번째 이득은 징정(澄淨), 즉 '맑음'이다. 속세에 살고 있는 우리는 더러움에 익숙해져 있다. 환경도 더럽고 사람의 마음도 더럽고, 어딜 가나 때가 묻고 더러워서 도망칠 수가 없다. 속세에서 산다는 것은 더러움을 참아야 한다는 뜻이다. 하지만 극락세계에는 깨끗함만 있다. 유리처럼 투명하고 깨끗한 물이 흘러넘쳐 언제 어디서나 그 물에서 목욕할 수 있다.

두 번째 이득은 청랭(淸冷), 즉 '시원함'이다. 차갑다는 뜻의 시원함이 아니라 명철하다는 의미의 시원함이다. 속세에 사는 우리는 혼탁함과 번잡함에 익숙하다. 혼탁하고 번잡한 세상을 힘겹게 헤쳐 나가며 살고 있다. 하지만 극락세계에 가면 물처럼 명철한 삶을 살 수 있다.

세 번째 이득은 감미(甘美), 즉 '달콤함'이다. 이 물은 달고 맛있다. 속세의 역겨운 맛은 조금도 섞여 있지 않은 최고의 맛을 느낄 수 있다.

네 번째 이득은 경연(輕軟), 즉 '부드러움'이다. 연약함이 아니라 유연함을 의미하는 부드러움이다. 이 세상은 단단한 감옥에 생명을 가둬 놓은 것과 같다. 반면 극락세계는 어디든 흘러들어가는 물처럼 자유롭기 때문에 유연한 삶을 살 수 있다.

다섯 번째 이득은 윤택(潤澤), 즉 '풍부함'이다. 풍부하기 때문에 마르지 않고 썩지도 않는다.

여섯 번째 이득은 안화(安和), 즉 '편안함'이다. 속세는 항상 거친 파도가 몰아치지만, 극락세계는 안온하고 평화롭기만 하다.

일곱 번째 이득은 제기갈(除饑渴), 즉 '갈증 해소'다. 이 물을 마시면 갈증이 사라질 뿐 아니라 배도 부르다. 물만 마셔도 배가 고프지 않다.

여덟 번째 이득은 장양제근(長養諸根), 즉 '모든 근을 길러준다.'
이 물을 마시면 눈, 귀, 코, 혀, 몸 등 신체의 모든 기관이 제대
로 잘 자란다.

이런 세계에서는 "캠브리지 강의 부드러운 물결 속에서 기꺼
이 한 뿌리 수초가 되리"라고 했던 시인 쉬즈모처럼 "극락세계
의 부드러운 물결 속에서 기꺼이 한 뿌리 수초가 되리"라는 찬
사가 진심에서 우러나올 것이다. 하지만 그 세계에는 수초가 없
고 연꽃만 있는 듯하다. 그곳은 연꽃이 만발한 세계다. 그곳의
연꽃을 당신은 상상도 할 수 없을 것이다.

수레바퀴만큼 큰 연꽃을 본 적이 있는가? 게다가 그 수레바퀴
는 당신이 속세에서 본 자동차나 마차의 바퀴가 아니라 사대주
를 다스리는 금륜왕이 타는, 길이가 40리나 되는 거대한 수레의
바퀴다. 《무량수경》에서 극락세계의 연꽃 중에는 크기가 40리
인 것도 있고, 4만 리인 것도 있다고 했다. 크기가 4만 리나 되
는 연꽃은 어떻게 생겼을까?

크기를 가늠할 수 없다면 연꽃의 색이라도 상상해 보자. 흰
색, 푸른색, 노란색, 붉은색. 뿐만 아니라 검은색 연꽃, 자주색
연꽃도 있다고 한다. 흰 연꽃, 푸른 연꽃, 노란 연꽃, 붉은 연꽃
을 상상해 보자. 또 그 색에서 발산되는 눈부신 빛을 상상해 보

자. 흰 빛, 푸른 빛, 노란 빛, 붉은 빛…. 흰색은 순결, 푸른색은 정진, 노란색은 장엄, 붉은색은 자비와 희열을 의미한다.

극락세계에는 번뇌도 몽매함도 없고
오로지 기쁨과 온전함만 있으며, 진리가 환하게 드러나 있다.
이 얼마나 아름다운 세계인가.

어떻게
먹고사는 문제에서
벗어날 수 있을까

극락세계에는 번뇌도 몽매함도 없고 오로지 기쁨과 온전함만 있으며 진리가 환하게 드러나 있다. 이 얼마나 아름다운 세계인가. 그 세계에는 언제나 천상의 음악이 울려 퍼지고, 황금이 깔린 대지 위에 매일 새벽, 아침, 점심, 오후, 황혼, 한밤중, 여명 무렵에 만다라꽃이 비 오듯 흩날린다. 황금이 깔린 길을 걸으면 구름보다 더 가볍다. 더 이상 두려움도 초조함도 없기 때문이다.

속세에서는 매순간의 생활이 무거운 짐을 짊어진 것 같다. 무거운 짐이 몸을 짓누르고 마음은 그보다 더 무겁게 짓눌러 사람을 바닥에 쓰러뜨린다. 사람들은 늘 두려움을 안고 살고, 두려움 때문에 지금 갖고 있는 것을 잃는다. 또 늘 초조하기 때문에 원하는 것을 얻을 수가 없다.

물론 원한다면 홀홀 털어 버리고 홀가분하게 살 수도 있다. 큰 집을 잃으면 작은 집에 살고, 대도시에서 살 곳을 잃으면 작은 도시에서 단출하게 살 수 있고, 직위를 잃으면 더 낮은 직위로 옮길 수 있다. 모든 것을 잃어도 별로 대수롭게 여기지 않을 수 있다. 집, 자동차, 직장을 잃어도 대지, 산과 강, 하늘은 여전히 있지 않은가? 잃었다고 걱정할 필요도 없고, 그것들을 얻으려고 조바심 낼 필요도 없다. 그저 내가 존재하는 한 그것들은 나와 함께 있다.

태양은 이 세상 모든 사람을 똑같이 비추고, 꽃도 이 세상 모든 사람을 향해 피어난다. 하지만 태양이 어떻게 비추든, 꽃이 어떻게 피어나든, 살아 있는 한 어쩔 수 없이 밥을 먹어야 하고, 옷을 입어야 하고, 잠을 자야 한다. 깨달음을 얻었다고 해서 생존의 문제가 사라지는 것은 아니다. 깨달음을 얻은 사람은 그저 그 문제를 덜 무겁게 느낄 뿐이지, 문제 자체가 사라지지는 않는다.

생존이 더 이상 문제되지 않는 곳은 극락세계뿐이다. 그곳에서는 내 집 마련 때문에 근심할 필요도 없고, 생존 때문에 걱정할 필요도 없다. 생존이라는 문제가 근본적으로 존재하지 않는다. 극락세계에 사는 중생의 생활을 보자. 그들은 새벽마다 갖가지 아름다운 꽃을 옷자락에 담아 다른 십만억불국토의 부처님들에게 공양을 올린다. 헤아릴 수 없이 먼 길이지만 아침을 먹기 전에 극락세계로 돌아올 수 있고, 그들이 돌아오면 그들이 먹을 맛있는 음식이 이미 다 차려져 있다.

《무량수경》에 따르면, 극락세계의 중생은 음식을 정말로 먹는 것이 아니라 음식의 색을 보고 냄새를 맡고 그 맛을 생각하기만 해도 배가 불러진다. 그 음식들은 몸에 힘을 줄 뿐 찌꺼기를 만들지 않아 배설할 필요가 없으며, 다음 식사 시간이 되면 또 저절로 나타난다. 《무량수경》에는 옷에 대한 얘기도 나온다. 아름다운 옷들이 원하는 대로 앞에 놓이고 부드럽게 몸에 입혀진다. 극락세계에서는 집값 걱정도 할 필요가 없다. 극락세계에서는 마음속으로 원하기만 하면 모두 눈앞에 나타나기 때문이다. 게다가 집들의 형태와 색이 사람의 모습, 색과 조화를 이루고, 전체가 보배와 방울로 장식되어 있어 말할 나위 없이 아름답고 청정하다.

생존의 문제에서 해방되면 육신이라는 울타리 안에 갇혀 있을 필요가 없고, 의식주를 위해 애써 일할 필요가 없다. 이 얼마나 홀가분하고 아름다운가. 밥을 먹으려고 하면 밥이 있고, 옷을 입으려고 하면 옷이 앞에 놓이며, 집이 필요하면 집이 눈앞에 나타난다. 굳이 애써 찾을 필요가 없으며, 내가 있는 그 자리에 그것들이 모두 갖추어져 있다.

태양은 모든 사람을 비추고, 꽃도 모든 사람을 향해 피어난다.
하지만 태양이 어떻게 비추든, 꽃이 어떻게 피어나든,
누구나 어쩔 수 없이 밥을 먹어야 하고,
옷을 입어야 하고, 잠을 자야 한다.

자연의
소리가
말해 주는 것들

극락세계에는 번뇌도 몽매함도 없고, 오로지 기쁨과 온전함만 있으며 진리가 환하게 드러나 있다. 그리고 온갖 하늘의 소리도 있다.

첫 번째는 물소리다. "연못의 물은 잔잔한 물결이 서서히 돌아 흐르고, 서로 번갈아 가며 흘러들며, 물결이 한없이 미묘한 소리를 낸다."

두 번째는 바람 소리다. "가벼운 바람이 일어나 여러 보배 그물과 온갖 보배 나무에 살랑이면 온갖 미묘한 소리가 나고", "한없이 미묘하고 아늑하며 시방세계의 모든 소리 가운데 가장 으

뜸이다." 연지대사는 《아미타경소초(阿彌陀經疏鈔)》에서 "부드럽고 평온하며 거칠거나 매섭지 않아 듣는 사람의 조급함이 저절로 사라지게 하는 소리를 화음(和音)이라 하고, 바르고 근엄하며 삿됨이 없어 듣는 사람의 욕심이 누그러지게 하는 소리를 아음(雅音)이라고 한다"라고 했다.

세 번째 소리는 새 소리다. 극락세계에는 백학, 동작, 앵무새, 두루미, 해오라기, 묘음조(妙音鳥), 공명조(共命鳥) 등 갖가지 기묘한 새들이 있는데, 그 새들이 쉬지 않고 노래를 부른다.

묘음조는 가릉빈가(迦陵頻伽)인데 '가릉'은 '좋다'는 뜻이고 '빈가' 는 '소리'라는 뜻이므로 번역하면 '아름다운 소리를 내는 새'다. 이 새는 무척 특이해서 알을 깨고 나오기도 전에 아름다운 소리로 지저귄다. 이 새가 존재하는 유일한 목적이 이 세상에 아름다운 소리를 들려주기 위한 것 같다. 또 석가모니와 제바달다는 전생의 어떤 세에 공명조였는데, 둘이 하나의 몸을 가지고 있다가 음식 때문에 원한을 맺게 되었다고 한다(제바달다는 석가의 종형제로 나중에 석가에게 반대하는 세력의 우두머리가 됨).

그런데 이런 새들이 새 소리를 지저귀는 것이 아니라 불법을 설했다. 석가모니는 이 새들이 전생의 죄업 때문에 새로 태어난 것이 아니며, 극락세계에는 육도윤회가 없고 축생, 아귀, 지옥의 삼악도도 없다고 특별히 강조했다. 그렇다면 이 새들은 어떻게 생겨난 걸까? 아미타불이 불법을 널리 알리기 위해 모습을 바꾸어 나타난 것이다. 어째서 새로 변해서 불법을 설했을까?

《대지도론(大智度論)》에서는 "만약 부처님께서 곳곳에서 부처의 모습으로 설법한다면 중생이 믿지 못할 것이고, 환술(幻術)이라며 마음으로 공경하지 않아 불법을 받아들이지 않을 것이므로 부처의 모습으로 설법하지 않은 것"이라고 해석했고, 《본생경(本生經)》에서는 "보살이 축생의 모습으로 사람들에게 불법을 설하면 흔치 않은 일이기 때문에 듣는 이들이 믿을 수 있고, 또 축생은 마음이 곧아 사람을 속이지 않으므로 듣는 이들이 믿을 수 있다. 유정(有情, 사람, 동물 등 지각을 가진 생명을 일컫는 말) 중생은 속일 수 있기 때문에 무정(無情, 풀, 꽃, 나무 등 지각이 없는 생명을 일컫는 말) 수목으로 하여금 불법을 설하게 하면 듣는 이들이 믿을 수 있다"라고 했다. 그러므로 중요한 것은 새 자체가 아니라 그 새들이 불법을 설했다는 점이다.

《아미타경》에 따르면, 극락세계의 바람 소리와 물소리도 불법을 설하는 것이었다. 이런 소리를 들으면 모두 염불(念佛), 염법(念法), 염승(念僧)의 마음이 들게 된다. 소동파는 "계곡 물소리가 곧 부처의 유창한 설법이네"라고 했지만, 물소리뿐만 아니라 바람 소리 같은 모든 자연의 소리가 부처의 설법이다.

그렇게 많은 불법은 모두 무엇을 말하고 있는 걸까? 수많은 불경이 있지만 그 내용을 요약해 보면 불법은 그리 복잡하지 않다. 《아미타경》에서 불법을 이렇게 간결하게 설명하고 있다.

"그 소리는 오근(五根), 오력(五力), 칠보리분(七菩提分), 팔성도분(八聖道分)을 설하는 소리인데 이 법들을 합치면 모두 서른일곱 가지다. 불교에서 이를 삼십칠도품(三十七道品)이라고 한다."

삼십칠도품이 무엇을 말하는지 안다면, 우리가 수행하려고 할 때 어디서부터 시작해야 하는지 알 수 있을 것이다. 삼십칠도품을 순서대로 나열하면 다음과 같다.

사념처(四念處)

신념처(身念處) … 몸의 청정하지 못함을 관찰하는 것

수념처(受念處) … 쾌락이 모두 고통임을 관찰하는 것

심념처(心念處) … 마음의 무상함을 관찰하는 것

법념처(法念處) … 모든 법이 무아(無我)임을 관찰하는 것

사정근(四正勤)

기생악(已生惡) … 이미 생긴 악을 완전히 끊어 버리는 것

미생악(未生惡) … 아직 생기지 않은 악이 생겨나지 않도록 방지
하는 것

미생선(未生善) … 아직 생기지 않은 선이 생겨나게 하는 것

기생선(已生善) … 이미 생긴 선을 더 늘어나게 하는 것

사신족(四神足)

욕신족(欲神足) … 신통을 얻기 위한 선정에 들기를 원하는 것

근신족(勤神足) … 신통을 얻기 위한 선정에 들려고 노력하는 것

심신족(心神足) … 신통을 얻기 위한 선정에 들려고 마음을 가다
듬는 것

관신족(觀神足) … 신통을 얻기 위한 선정에 들려고 사유하고 주
시하는 것

오근(五根)

신근(信根) …… 불법을 믿는 것

진근(進根) …… 용감히 수행하는 것

염근(念根) …… 불법을 명심하는 것

정근(定根) …… 마음을 하나로 모아 흐트러지지 않게 하는 것

혜근(慧根) ……… 불법을 분명히 이해하는 것

오력(五力)

신력(信力) ……… 신근을 길러 삿된 믿음을 깨뜨리는 것

진력(進力) ……… 진근을 길러 게으름을 물리치는 것

염력(念力) ……… 염근을 길러 혼동하거나 망각하지 않는 것

정력(定力) ……… 정근을 길러 어지러운 생각을 끊는 것

혜력(慧力) ……… 혜근을 길러 우매함을 끊는 것

칠보리분(七菩提分)

택법보리분(擇法菩提分) …· 지혜로써 불법의 진위를 판단하는 것

정진보리분(精進菩提分) …· 용맹한 마음으로 불법을 실천하는 것

희보리분(喜菩提分) ……… 바른 불법을 얻어 기뻐하는 것

경안보리분(輕安菩提分) …· 번뇌와 무거운 짐을 없애 몸과 마음
이 가볍고 편안해지는 것

염보리분(念菩提分) ……… 선정과 지혜를 기억하고 이를 균등하
게 하는 것

정보리분(定菩提分) ……… 마음을 하나로 모아 산란하지 않게
하는 것

행보리분(行菩提分) ……… 모든 망령된 마음을 버리고 마음을

평온하게 하는 것

팔정도분(八正道分)

정견(正見) ········ 사성제(四聖諦)의 이치를 분명히 알고 우주와
인생의 진상을 깨닫는 것

정사유(正四維) ··· 사성제의 이치를 생각하고 악의 욕망을 끊고
선의 욕망을 일으키는 것

정어(正語) ········ 구선업(口善業)을 행하고, 온화하고 진실한 말
만 하는 것

정업(正業) ········ 신선업(身善業)을 행하고, 정당하고 합리적인
행동만 하는 것

정명(正命) ········ 정업(正業)으로 생명을 유지하고 부당한 직업
을 갖지 않는 것

정근(正勤) ········ 마음을 하나로 모아 선한 방향으로 꾸준히 노
력하는 것

정념(正念) ········ 정도(正道)만을 생각하는 것

정정(正定) ········ 몸과 마음을 청정하게 하고 하나에 집중시켜
마음을 가라앉히는 것

이렇게 정리하면 불법을 이해하기가 쉽다. 더 줄인다면 사념

처와 팔정도만 남겨도 된다. 부정(不淨), 고(苦), 무상(無常), 무아(無
我)의 네 가지 중심 개념을 이해하고, 정도로 향하는 여덟 개의
중심 개념을 이해한다면, 불법의 진리가 그 속에 있다. 이 중심
개념이 가리키는 길을 따라 수행한다면 불교도가 될 수 있다.
여기서 더 간략하게 줄인다면 팔정도만 남겨도 된다. 팔정도를
따라 생각하고 행동한다면 고통에서 벗어나 기쁨을 얻을 수 있
을 것이다.

물소리, 새 소리, 바람 소리 같은
모든 자연의 소리가 부처의 설법이다.
따라서 시시때때로 자연의 소리를 들으면
고통에서 벗어날 수 있다.

찰나가
영원이고
지금이 전부다

석가모니는 아미타불이 극락세계의 교주이고, 지금 그곳에서 불법을 설하고 있다고 했다. 왜 아미타불이라고 할까? 첫째, 아미타불은 무한한 광명으로 모든 공간을 비추고 모든 사물을 꿰뚫기 때문에 무량광불이라고도 부른다. 둘째, 아미타불은 수명이 무한하고 극락세계의 중생도 수명이 무한하기 때문에 무량수불이라고도 부른다.

한없는 광명으로 모든 것을 비춘다는 것은 아미타불이 공간에서 자유로워 모든 진상을 꿰뚫어 본다는 의미다. 끝없는 생명의 주기는 아미타불이 시간에서 자유로워 생사의 윤회에서 벗어났음을 상징한다. 극락세계에 가서 아미타불을 본다는 것은 광명과 영원함을 본다는 뜻이다.

무한한 광명과 무량한 시간은 마음에서 만들어 낸 환영이 아니다. 현실 속의 존재는 사실 무한하다. 우리가 그것을 보지 못할 뿐이다. 우리 눈에 보이는 것은 아주 작은 점 하나일 뿐이며, 그 역시도 대부분은 착각이다. 사람들은 지구는 가만히 있는데 태양이 움직이고 있다고 착각하지만, 사실은 지구가 태양 주위를 돌고 있는 것이다. 또 사람들은 태양이 떠올랐다가 서쪽으로 지면 하루가 되고, 아침, 점심, 저녁으로 시간이 흐르고 있다고 생각하지만, 아인슈타인은 물체의 질량과 속도에 변화가 생기면 시간과 공간도 변화한다고 했다.

우주에 블랙홀이 존재하고 블랙홀에 다가갈수록 시간이 점점 느리게 가며, 완전히 그 안에 들어가면 시간이 존재하지 않는다. 우주인이 블랙홀 주위를 한 바퀴 돌고 지구로 돌아오면 그가 우주로 떠날 때 살던 사람들은 하나도 없을 것이다. 그 사이에 지구의 시간은 1천 년 넘게 흘렀을 것이기 때문이다. 만약 우주인이 블랙홀에 들어간다면 완전히 시간 속에 응고된다. 시간과 공간이 존재하지 않는다고도 할 수 있다. 또 블랙홀을 통과하면 완전히 다른 우주로 갈 수 있다.

우리 눈에 보이는 수많은 빛은 사실 억만년 전의 빛이 이제 지구에 도착한 것이다. 시간과 공간은 우리 눈에 보이는 것과 다르다. 우리 눈에 보이는 것은 실제가 아니다. 석가모니는 참선할 때 무한한 존재, 하나가 된 전체, 광명과 영원을 깨달았고, 과거, 현재, 미래가 없고 오직 바로 지금 이 순간밖에 없다는 사실을 알았다. 찰나가 곧 영원이다. 석가모니가 극락세계에 아미타불이 있다고 말한 것은 사람들이 무한한 존재, 시공을 초월해 그 밖에 있는 거대한 존재를 깨닫도록 이끌어 주기 위함이었다.

시간과 공간은 존재 안의 작은 점일 뿐이며, 사람의 육신을 제약할 수는 있겠지만 영혼을 속박할 수는 없다. 육신의 힘은 유한하고, 영혼의 힘은 무한하다. 속세의 비극은 우리가 무한한 영혼으로 유한한 육신을 기르는 것이 아니라 유한한 육신이 무한한 영혼을 압도하게 하려는 데서 생겨난다.

그렇다. 우리는 인간의 육신 안에 살고 있다. 하지만 그보다 더 큰 영혼 안에서 살고 있다는 사실을 자주 망각한다. 그렇다. 우리는 이 세계에 살고 있다. 하지만 우리 영혼이 무수히 많은 세계를 창조할 수 있음을 자주 망각한다.

속세의 비극은 우리가

무한한 영혼으로 유한한 육신을 기르는 것이 아니라

유한한 육신이 무한한 영혼을

압도하게 하려는 데서 생겨난다.

언제든
자신을 믿고
자기 본심을 따라야 한다

우익대사는 정토종의 법문을 여섯 가지 믿음으로 정리했다.

첫째, 자신에 대한 믿음이다. 이것은 가장 근본적인 믿음이자 불교의 가장 기본적인 이치다.

석가모니의 말을 빌리자면, 스스로 등불이라고 생각해야 한다. 자신에게 본래 이런 마음이 있음을 믿고, 자신의 깨달음이 이 마음을 끄집어 낼 수 있음을 믿는 것이다. 언제든 자신을 믿고 자기 본심을 믿어야 한다. 흔히 쓰는 표현으로 자기 내면의 부름을 들어야 한다. 하지만 안타깝게도 많은 사람들이 듣지 못하고, 또 어떤 이들은 들었지만 그 부름을 따를 용기를 내지 못한다. 오직 소수만이 그걸 듣고 그 부름에 따라 앞으로 나아간 뒤 자신을 성취한다.

둘째, 부처에 대한 믿음이다. 어떤 부처를 믿을까? 석가모니 부처를 믿고, 아미타불을 믿어야 한다.

앞에서 말했듯이 대부분의 사람들은 자기 내면의 부름을 듣지 못하고 윤회하는 동안 방향을 잃어버린다. 그래서 등대처럼 우리를 이끌어 줄 누군가가 필요하다. 석가모니는 진리의 발견자이고, 아미타불은 정토의 창조자다. 진리를 향해 가고 싶다면, 영원한 평온함을 얻고 싶다면, 부처를 믿고 부처가 전하는 진리를 믿어야 한다.

셋째, 원인에 대한 믿음이다. 이 세상에 원인이 없는 것은 하나도 없다는 사실을 믿는 것이다.

모든 것에 원인이 있다면 운명도 풍수도 믿을 필요가 없다. 스스로 좋은 원인을 만들면 된다. 씨앗을 심어 놓으면 훗날 싹이 트는 것과 같다. 가장 간단한 방법이 염불이다. 부처의 명호를 읊는 것은 선인(善因)이다. 씨앗 하나를 마음의 밭에 심어 놓으면 나중에 결국 꽃을 피우게 된다.

넷째, 과보에 대한 믿음이다. 정토에 모든 선이 모이고, 모든 것이 염불과 삼매(三昧)에서 생겨난다. 콩을 심으면 콩이 나고, 팥을 심으면 팥이 나는 것은 당연한 이치다.

다섯째, 극락정토에 대한 믿음이다. 서방 극락정토가 우화도 신화도 아니고 실제로 존재하는 세계라는 사실을, 마음으로 만든 세계가 무한하다는 사실을 믿는 것이다.

극락세계는 서방에 있고 모든 세계 중 가장 청정하고 장엄한 세계다. 우리는 속세에서 계속 떠돌며 이 들뜬 세상에서 무상한 것들에 마음을 두고 있다. 아름다운 사랑, 만세불변의 강산, 마르지 않는 부, 좋은 직장, 좋은 집 등등. 하지만 그것들 모두 사라질 수 있다는 사실은 모르고 있다. 사랑도 사라질 수 있고, 강산도 잃을 수 있고, 부는 흩어질 수 있으며, 직장도 잃을 수 있고, 집도 무너질 수 있다. 그 때문에 마음이 정처 없이 방황한다. 그래서 석가모니가 우리에게 서방에 있는 극락세계를 보게한 것이다. 영원히 기쁜 세계, 변하지 않고 사라지지도 않는 세계가 거기에 있다. 그곳에 마음을 둔다면 차분하고 평온해질 수 있다.

여섯째, 이(理)에 대한 믿음이다. 이것은 십만억 정토가 현재 자신의 작디작은 생각 하나에서 벗어나지 않음을 믿는 것이다.

언제든 자신을 믿고 자기 본심을 믿어야 한다.
하지만 안타깝게도 오직 소수만이 그걸 듣고
그 부름에 따라 앞으로 나아간 뒤 자신을 성취한다.

2장

내가 진정으로
원하는 것은
무엇인가

나무아미타불 염불을 읊기 전에

무엇을 원하느냐에 따라 인생의 방향이 결정된다

이토록 아름다운 극락세계가 있음을 우리는 믿는다. 그런데 그저 믿기만 할 뿐 극락세계에 갈 수는 없다. 하버드 대학교가 세계 최고의 대학이란 건 알지만 하버드 대학교 입학은 하늘의 별 따기인 것과 같다. 하지만 하버드 대학교에 가고 싶다는 소망조차 없다면 우리는 영원히 그곳에 갈 수가 없다. 그래서 석가모니는 사리불에게 이렇게 말했다.

"모두들 극락세계가 이토록 아름답다는 것을 알았으니 마땅히 그 국토에서 태어나길 발원해야 한다."

그 국토에서 태어난다는 것은 물론 내세를 말한다. 현생은 이 세계에서 태어났다. 자신의 가정에서 현재의 용모를 갖고 현재의 성별로 태어났다. 이것들은 바꿀 수 없다. 이미 현생에 온 이상 이 여정을 완성해야 한다. 하지만 내세에는 기회가 있다. 내세에는 어디로 가고 싶은가? 마땅히 극락세계로 가기를 발원해야 한다고 석가모니는 말했다.

'마땅히'라는 단어를 사용한 것은 많은 사람들이 그런 발원을 하지 않는다는 의미다. 참 이상하지 않은가? 그렇게 아름다운 곳이 있는데 왜 사람들은 믿지 않거나, 믿는다 해도 그곳에 가기를 발원하지 않을까? 아마도 속세의 즐거움에 미련이 남아서일 것이다. 사람들의 눈에는 그저 이 세상의 형과 색만 보이기 때문이다.

《법화경》에서 석가모니는 속세를 불이 난 집에 비유하고 중생이 불이 난 집에 살면서 고통을 즐거움이라 여기고, 순간을 영원으로 착각하고, 가짜를 진짜로 생각하며 거꾸로 된 세상에 살고 있다고 했다. 모든 것이 거꾸로 되어 있으니 당연히 극락세계를 볼 수 없고, 현생이 끝난 뒤 극락세계에 갈 수 있다는 생각은 더더욱 할 수 없다. 아마도 그러기 위해 들여야 하는 노력이 두려워서일 것이다.

다시 하버드 대학교를 예로 들어보자. 하버드에 가고 싶지만 그러기 위해서는 어려운 시험에 통과해야 한다. 하지만 시험에 통과하기 위해서는 피나는 노력을 해야 한다. 그 노력이 힘들고 싫어서 평범한 대학에 만족한다. 원하는 것을 얻기 위해 들여야 하는 노력이 두려워서 포기하고 더 쉽게 이룰 수 있는 소망을 선택한다. 그래서 많은 사람들이 젊을 때는 원대한 꿈을 꾸지만 결국엔 평생을 좁디좁은 한계에서 벗어나지 못한다. 무엇을 꿈꾸느냐에 따라 인생의 목표가 달라지고, 인생의 목표가 인생의 방향을 결정한다.

세상에는 수많은 소망이 있고 수많은 목표가 있다. 우리는 이런 소망과 목표 속에서 살아간다. 소망을 하나 가지면 새로운 목표가 생기고, 모든 목표는 우리의 생명에 새로운 속박이 된다. 하지만 석가모니는 사람들에게 단 하나의 소망과 목표만 있으면 충분하다고 생각했다. 바로 극락세계에 왕생하는 것이다. 이 소망과 목표가 있어야만 다른 모든 소망과 목표가 우리의 생명을 구속하지 않고, 그래야만 우리가 갖가지 목표에서 해방될 수 있다.

《법화경》에서 석가모니는 중생에게 불이 활활 타고 있는 집에서 어서 빠져나와 진실하고 자유로운 세계로 돌아오라고 했다. 《아미타경》에서 석가모니는 더할 나위 없이 완벽한 극락세계를 묘사한 뒤 모든 사람이 그곳에 왕생하기를 발원해야 한다고 했다. 그곳에 가야만 진정으로 고통에서 해탈해 기쁨을 얻고 자유롭게 살 수 있다고 했다.

더 중요한 것은, 앞에서 이미 말했듯이, 서방 극락세계에 왕생하기를 발원하면 우리 인생에 가장 궁극적이고 완벽한 목표가 생긴다는 사실이다. 이 최종적인 목표가 생기면 속세에서 겪는 모든 고통은 그저 하나의 과정이자 수련이 되고, 눈앞의 사소한 일에 연연해 초조해지지도 않는다.

무엇을 꿈꾸느냐에 따라 인생의 목표가 달라지고,
인생의 목표가 인생의 방향을 결정한다.

원하기만 하면
언제든
이룰 수 있다

마땅히 서방 극락세계에 왕생하기를 발원해야 한다. 왜 그럴까? 석가모니는 구구한 이유를 말하지 않고 단 한 가지 이유만 말했다.

"극락세계에 가면 상선인(上善人)과 함께 살 수 있기 때문이다."

상선인이란 어떤 사람들일까? 아라한과 보살이다. 속세의 표현으로 바꾸면 '좋은 사람'이다.

우리는 속세에서 각양각색의 사람들을 만난다. 우리를 고통스럽게 하는 번뇌는 대부분 그들과의 갈등에서 온다. 동료와의 갈등, 친구와의 다툼, 가족 간의 불화, 남녀 간의 갈등, 세대 간의 모순, 계층 간의 불화, 인종 간의 갈등, 국가 간의 충돌 등등. 이 수많은 문제가 모두 사람과 사람 간의 갈등이다.

사람과 사람 간에 어떤 갈등이 있을까? 가치관의 차이, 도덕성의 차이, 문화 차이, 선악의 차이 등등 대부분은 '차이' 때문이다. 만약 자신과 생각이 같고 행동방식이 같은 사람만 만난다면 어떨까? 자비로운 사람, 작은 일에 연연하지 않는 사람, 늘 즐거운 사람만 만난다면 어떨까? 그럴 수 있다면 그곳이 바로 천국일 것이다.

좋아하는 사람과 좋아하는 일을 함께 하는 것이 행복이라고들 말한다. 아주 평범한 것 같지만, 사실 굉장히 어려운 일이다. 적어도 우리가 살고 있는 이 세상에서는 아주 어렵다. 거의 모든 사람이 생존을 위해 어쩔 수 없이 좋아하지 않는 사람과, 심지어 아주 싫어하는 사람과 부대껴 살고 있다. 산다는 것 자체가 고역이다. 그래서 석가모니는 서방 극락세계에는 좋은 사람만 살고 있으니 그곳에 왕생하기를 발원하라고 말한 것이다.

그곳에 가면 좋아하는 사람들과 살 수 있는데 그보다 더 기쁜 일이 있을까? 그러니까 내세에는 서방 극락세계에서 태어나게 해 달라고 발원하라. 그런 다음 석가모니는 염불하는 방법을 알려 주고 이 간단한 방법으로 극락세계에 왕생할 수 있으니 모든 중생이 마땅히 서방 극락세계에 왕생하기를 발원해야 한다고 또 한 번 말했다.

하지만 그것으로도 부족했는지 뒤에서 또다시 강조해서 말했다. 과거, 현재, 미래, 언제든 서방 극락세계에 왕생하기를 발원하기만 하면 반드시 성불할 수 있으며 그 경지에서 영원히 물러나지 않을 수 있다. 정토로 가는 문은 언제든 열려 있어서, 과거에 발원했다면 과거에 왕생할 수 있고, 현재에 발원하면 현재에 왕생할 수 있고, 미래에 발원하면 미래에 왕생할 수 있다. 시간이 한정되어 있지 않다. 정토는 영원히 그곳에 있으므로 발원하기만 하면 언제든 눈앞에 나타난다. 그러므로 모든 중생이 마땅히 서방정토에 왕생하기를 발원해야 한다.

석가모니는 3천 자가 채 안 되는 짧은 《아미타경》에서 모든 중생이 마땅히 서방정토에 왕생하기를 발원해야 한다고 세 번이나 얘기했다. 이것만 보아도 발원이 얼마나 중요한지 짐작할 수 있지 않은가? 세간자재왕여래는 법장비구에게 "그대가 발원하고 진심으로 바라면 이루지 못할 것이 없다"고 했다. 그러므로 정토가 존재한다는 것을 믿고 자신의 생명이 돌아가 의지할 완벽한 곳이 있기를 소망한다면, 서방정토에 왕생하기를 마음속으로 발원해야 한다.

속세에서 생존을 위해 동분서주하고 있는 우리는 속세의 이런저런 소망을 품고 살아갈 수밖에 없지만, 이 세계의 끝에, 혼탁하고 고난으로 점철된 이 세계 너머에 깨끗하고 완전한 국토가 있음을 매 순간 기억해야 한다. 그곳에 가기를 발원한다면 언제 어디서든 이 간단한 방법을 꾸준히 실천하라. 그러면 반드시 그곳에 가서 온전한 생명을 얻을 수 있을 것이다.

시간이 한정되어 있지 않다.
정토는 영원히 그곳에 있으므로
발원하기만 하면 언제든 눈앞에 나타난다.

소원을
말하는 순간부터
인생이 변하기 시작한다

책이나 인터넷을 보면 현대인을 위한 조언이나 충고가 많다. 욕심을 내려놓고 탈속적인 마음가짐으로 살라. 지금 바로 이 순간을 소중히 여기며 살라. 기타 등등. 물론 모두 좋은 얘기지만 막상 실천하려고 하면 결코 쉽지 않다. 하지만 어렵다고 말하기만 하면 우리의 삶은 영영 변화될 가능성이 없다. 비록 어렵지만 반드시 이루어지기를 발원하면, 그때부터 변화가 시작된다.

발원이 작은 촛불처럼 우리 생명의 어두운 부분을 천천히 비추고, 우리 생명 안에 있는 상상하기 힘든 잠재력을 발휘하게 한다. 다시 말해, 발원은 곧 상상력이다. 쇼펜하우어도 "상상력은 창조의 시작이다. 어떤 사람이 되겠다고 상상하고 이루기 위해 노력하면 결국에는 자신이 바라던 목표를 창조해 낸다"라고 했다.

아미타불의 극락세계는 상상의 산물이라고 할 수 있다. 아미타불은 하나의 상상에서 시작해 48대원을 세웠고, 그 후 이 서원들이 그의 인생을 완전히 바꾸고 수많은 사람의 인생까지 바꿨다.

졸업을 앞둔 학생이 내게 이런 편지를 보냈다.

교수님, 안녕하세요. 교수님의 블로그에서 취업 준비생을 위한 글을 읽었습니다. 취업 준비생들의 마음이 어지럽고 불안한 것은 자신이 어떤 일을 좋아하는지 모르기 때문이라고 하셨지요. 저는 책을 좋아해서 북카페를 차리는 상상을 한 적이 있습니다. 실제로 시장조사를 한 적도 없고 자본금도 없기 때문에 현실성이 떨어지기도 하지만, 설사 북카페를 차린다 해도 제가 책 읽는 것은 좋아하지만 경영 능력이 없어서 결국 망하고 말 겁니다. 기자가 되기를 꿈꾼 적도 있지만 수습기자로 잠깐 일해 보니 제 체력으로는 불가능한 일인 것 같아서 포기했습니다. 국어교사가 되어 볼까 했지만 현재 아무 준비도 되어 있지 않고, 대학원에 진학하려고 하니 대학원을 졸업해도 역시 취업 문제가 해결되지 않을 것 같습니다. 제 수많은 약점 때문에 직업을 선택하기가 힘듭니다. 실의에 빠져 있는 제게 희망이 될 조언을 해 주시면 감사하겠습니다.

나는 그 학생에게 이런 답장을 보냈다.

본인이 원하는 것이 무엇인지 이미 알고 있군요. 책을 좋아한다는 것 말이에요. 자신이 무엇을 원하는지 알고 있다는 것은 아주 중요해요. 언제든 그 꿈을 잃지 마세요. 그것이 단지 꿈일 때는 실현하기 어렵다고 생각할 것이고, 그러면 정말로 그것을 실현하기가 어렵답니다. 어렵다고 생각하면 시도조차 하지 않게 됩니다. 원하는 것이 있는데도 시도해 보지 않고 사회에서 요구하는 더 안전한 일을 선택하게 되고, 결국에는 자신의 꿈을 점점 잃어버리게 되지요. 그러다 보면 어느새 자신이 싫어하는 모습으로 살아가는 자신을 발견하게 됩니다. 하지만 그 꿈이 사라진 것은 아니에요. 마음속 깊은 곳에 가라앉아 있을 뿐이에요. 그래서 늘 초조하고 불안하고, 현재의 삶이 자기 삶이 아니라고 느끼죠. 아마 많은 사람들이 이렇게 살고 있을 거예요. 젊은 시절 꿈꿨던 것을 잊어버렸기 때문이에요. 다른 이유는 없어요. 그러니까 망설일 필요 없어요. 우리가 무엇을 하든 이번 생은 어차피 살아야 해요. 그렇다면 원하는 것을 내버려 둔 채 원치 않는 삶을 살 필요가 있나요?

북카페가 학생의 꿈을 실현해 줄 수 있다고 생각한다면, 차근차근 실행에 옮기세요. 시작도 해 보기 전에 현실성이 없다거나 망할 것이라고 결론을 내릴 필요는 없어요. 또렷한 꿈이 있다면, 북카페 창업이든, 대학원 진학이든, 국어교사든, 꿈이 무엇인지는 중요하지 않아요. 그저 수단이고 과정일 뿐이죠. 중요한 것은 그 과정에 최대한 자기 꿈을 녹여 내는 거예요. 내 꿈이 나를 끊임없이 성장하게 하세요. 삶에 침식당하지 말고 삶의 주도권을 쥐어요. 꿈은 날개예요. 언제 어떤 상황에서든 그 꿈이 나를 움직이게 하고, 삶의 진흙탕에 가라앉지 않고 날아오르게 할 거예요.

설령 선택의 여지가 없어서 싫어하는 일을 할 수밖에 없다해도 책을 좋아한다는 꿈을 잊지 않기만 하면 따분한 사무실에서도 자기 방식으로 자신의 세계를 유지할 수 있어요. 꿈조차 없다면 현실과 함께 무겁게 가라앉아 버리죠.

밝은 빛은 어디에서 생겨나는가? 에스키모인들에게 이런 말이 있다.

"어두운 밤 까마귀가 먹이를 찾지 못해 빛을 갈망하기 때문에 해가 떠오른다."

이 말에는 한 가지 신념이 담겨 있다. 빛은 바로 빛에 대한 갈망에서 생겨난다는 것이다.

상상력은 창조의 시작이다.
어떤 사람이 되겠다고 상상하고 이루기 위해 노력하면
결국에는 자신이 바라던 목표를 창조해 낸다.

너와 나,
우리를 위해
소원을 발원하는 법

서원은 형식이며, 도장을 찍는 행위와 같다. 다른 말로 '표현'
이라고도 할 수 있다. 표현함으로써 소망을 마음에 새겨 자기
생명의 일부가 되게 하는 것이다. 어떻게 표현할까? 어떤 단어
를 선택해 어떤 방식으로 전달할 것인가? 그것은 어떤 서원인지
에 따라 다르다. 서방정토에 왕생하고 싶다면 어떻게 발원해야
할까?

중국에서 가장 처음으로 염불한 사람은 동진 시대의 혜원대사
일 것이다. 그는 여산에서 연사라는 모임을 결성하고 123명을 모
아 여산 염불을 했는데, 이때의 발원문이 《여산연사발원문(廬山蓮

社發願文)》이다.

　태원(太元) 15년 7월 28일, 혜원대사가 깊이 감격하여 정결한 마음을 발하옵고, 바른 믿음을 가진 동지 123명과 한 마음으로 모여 여산 서북쪽 자락의 반야운대정사 아미타불상 앞에서 경건하게 향을 사르고 서원을 세웁니다.

　우리 결사의 동지들은 인연이 환화(幻化)하는 이치를 깨닫고 삼세 윤회의 진실을 분명히 알고 있사옵니다. 인과의 변화가 감응하는 규칙이 서로 부합하니 선악응보에 추호의 의심도 없사옵니다. 가족과 벗들이 조용히 세상을 떠나고 그 업에 따라 윤회하는 것을 보고 인생의 무상함을 절실히 깨달았사옵니다. 현보(現報, 현생에 업을 지어 현생에 받는 과보), 생보(生報, 현생에 업을 지어 다음 생에 받는 과보), 후보(後報, 현생에 업을 지어 삼생 이후에 받는 과보)가 서로 이어지는 것을 보고 자력으로는 삼악도의 지극한 고통에서 벗어날 수 없음을 알았사옵니다. 그리하여 우리 결사에 모인 현인들이 밤낮으로 두려워하며 해탈할 수 있는 방법을 열심히 생각한 바, 자력이 너무 약해 불력의 구제를 바랄 수밖에 없음을 알았사옵니다.

　하지만 신묘한 존재께 지성으로 감사할 수는 있으나 사사로이 구하고 바랄 수는 없사옵니다. 반드시 지성으로 감응하고 통해야만 그 깊고 깊은 경지가 바로 이곳에 있음을 알 수 있사옵니다. 만약 구해도 응답을 받지 못하고 막막하다면 어떻게 번뇌에서 해탈할 수 있겠사옵니까? 다행히 오늘 저희가 전세의 선근이 발현하여 서방 극락세계에 귀순하기로 마음을 모았사옵니다. 공경하는 마음으로 정토의 경전을 읽고 믿음이 생겨나니 자연히 서원이 일어났사옵니다. 꿈에서 상서로운 광경이 나타나더니 현인 동지들이 찾아와 주어 매우 기쁩니다. 부처님의 얼굴을 그리자 휘황한 빛을 발하니 신인(神人)의 솜씨인 듯하옵니다.

이것은 인력으로 할 수 있는 일이 아니니 명부(冥符, 사람이 죽은 뒤에 간다는 영혼의 세계)에서 한 일이 분명하옵니다. 부처님께서 동지들의 지성을 일깨워 주시고 드러나지 않게 가피(加被, 부처나 보살이 자비를 베풀어 중생에게 힘을 주는 것)해 주시어 저희가 함께 여기 모인 것이옵니다. 이런 특별한 인연을 소중히 여기고 신중하게 생각하며 바른 마음과 성의로써 왕생정토를 이루어야 하옵니다.

비록 저희의 도업(道業)이 각자 다르고 공덕도 같지 않사옵니다. 새벽에 기도하는 서원은 같지만 저녁이 되면 번뇌와 습성으로 인해 의심이 들고 게을러지옵니다. 이것은 우리 스승과 도반들이 몹시 마음 아파하는 점이옵니다. 이 때문에 숙연

한 마음으로 법당에 모여 옷깃을 가지런히 하고, 다 함께 일심을 다스려 고요하게 머물게 한 뒤 우리 동지들이 함께 서방정토에 왕생할 것을 서원하옵니다.

연사의 동지 중에 남들보다 뛰어나 먼저 평온한 경지에 오른 동지가 있다면, 자신과 타인을 모두 이롭게 하자는 초심으로 사바세계에 가서 아직 왕생하지 못한 동지들을 돕기를 바라나이다. 먼저 왕생한 사람과 나중에 왕생한 사람이 함께 극락의 아름다운 도를 사유하길 바라나이다. 부처님의 원력을 받들어 업에 따라 왕생하여 연화가 활짝 피어나고 아미타불의 거룩하신 모습을 직접 뵙기를 바라나이다.

이 얼마나 큰 영광이옵니까. 연화를 타고 보배 연못의 공덕수 물결 위를 떠다니고, 보배 나무 아래에서 부처님의 심곡(心曲)을 부르겠사옵니다. 구름옷이 팔방의 먼 불토로 날아가 우아한 향기를 풍기며 펄럭이길 바라나이다. 몸의 안일을 구하지 않으니 더욱 장엄해지고, 마음이 고락을 초월하니 선의 기쁨이 절로 넘치길 바라나이다. 염불왕생으로 축생, 아귀, 지옥의 윤회를 벗어나 천당의 기쁨을 영원히 누리길 바라나이다. 보살 성중의 발자취를 따라 불과(佛果)를 성취하는 것이 우리 동지들의 목표이옵니다. 이 염불왕생의 미묘한 이치를 구하고 찾으니 그 이치의 경지가 어찌 크고 불가사의하지 않겠사옵니까.

이밖에 연지대사의 《서방발원문(西方發願文)》은 현대인이 참고해도 좋을 듯하다.

극락세계에 계시고 중생을 이끌어 주시는 아미타불께 귀의하옵고, 그 세계에서 왕생하기를 발원하오니 자비로운 원력으로 굽어 살펴 주시옵소서.

저희들이 네 가지 은혜 끼친 이와 삼계중생을 위하여 부처님의 위 없는 도를 이루려는 정성으로 아미타불의 아름다운 명호를 읊어 극락세계에 왕생하기를 원하옵니다. 업장은 두텁고 복과 지혜는 엷어 마음이 더러워지기 쉽고 깨끗한 공덕을 이루기가 어렵나니 이제 부처님 앞에서 지성으로 예배하고 참회하나이다. 저희가 아득한 옛날부터 오늘에 이르도록 몸과 입과 마음으로 지은 한없는 죄와 한없이 맺은 원수를 모두 풀어 없애고 오늘부터 서원을 세워 나쁜 짓을 멀리 하고 다시 짓지 않고, 보살도를 닦아 물러나지 않으며 바른 깨달음을 얻어 중생을 제도하려 하옵니다.

아미타불이시여! 대자대비하신 원력으로 저를 증명하시고, 가엾게 여기시고 가피하시어, 삼매에서나 꿈속에서나 아미타불의 거룩하신 모습을 뵙게 하시고, 아미타불께서 장엄하신 국토를 다니며 감로를 뿌려 주시고, 광명을 비춰 주시며, 손으로 쓰다듬어 주시고, 가사를 덮어 주심에 저희의 업장이 소멸되고 선근은 자라나며 번뇌는 없어지고 무명(無明)은 깨어져서 원각(圓覺)의 묘한 마음이 뚜렷하게 열리고, 상적광토(常寂光土)가 항상 앞에 나타나길 바라나이다. 또한 이 생이 끝날 때 갈 시간을 미리 알아, 여러 가지 병고, 액난이 몸에서 없어지고 욕심, 분노, 어리석음의 온갖 번뇌가 씻은 듯이 사라지며, 육근이 즐겁고, 일념으로 하나만 생각하여 이 몸 버리기를 선정에 들 듯하게 하소서.

아미타불이시여! 관음, 세지 두 보살과 모든 성중을 거느리고 광명을 비추어 맞이하시어, 높고 넓은 누각과 아름다운 깃발, 맑은 향기, 고운 음악, 거룩한 극락세계가 눈앞에 나타나면 보는 이, 듣는 이들 기쁘고 감격하여 위 없는 보리심을 발하게 하소서. 그때 저희 몸도 금강대에 올라앉아 부처님 뒤를 따라 극락정토 나아가서, 칠보로 된 연못 속에 상품상생 하온 뒤에 불보살을 뵙거든 미묘한 법문을 듣고 무생법인을 깨달아 부처님 섬기옵고 수기를 친히 받아 삼신, 사지, 오안 육통과 백천 다라니와 온갖 공덕이 원만히 갖춰지길 바라나이다. 그런 다음 극락세계를 떠나지 않고 사바세계로 다시 돌아와 한량없는 분신으로 시방세계 다니면서 여러 가지 신통력과 갖가지 방편으로 무량중생을 제도하여 탐진삼독 여의옵고 청정한 본심으로 극락세계에 함께 가서 물러나지 않는 자리에 들게 하려 하옵니다.

세계가 끝이 없고, 중생이 끝이 없고, 번뇌 업장 또한 끝이 없사오니 저희 서원도 끝이 없나이다. 저희들이 지금 예배하고 발원하여 닦아 지닌 공덕을 온갖 중생에게 베풀어 네 가지 은혜 골고루 갚고 삼계중생을 모두 제도하여 다 함께 일체 종지를 이루게 해 주소서.

"세계가 끝이 없고, 중생이 끝이 없고,
번뇌 업장 또한 끝이 없사오니 저희 서원도 끝이 없나이다.
삼계중생을 모두 제도하여
다 함께 일체 종지를 이루게 해 주소서."

지금
인생의 목표에 갇혀
허우적대고 있지는 않은가

세상의 수많은 목표와 바람 속에서 발버둥질하다 보면 자기도 모르게 틀 안에 갇히게 된다. 법장비구는 이 세상의 목표와 바람을 다 던져 버리고, 아니, 세상 전체를 포기하고 가장 궁극적인 바람을 이루었다. 바로 가장 완전한 세계를 창조한 것이다.

SNS에서 이런 이야기를 본 적이 있다. 어떤 회사의 두 직원이 일을 하던 중 어려운 문제가 생겨 고민하다가 선승을 찾아갔다. 선승은 그들에게 "고작 밥 한 그릇이구나"라고 말했다. 그 말을 듣고 돌아간 두 사람 중 한 사람은 곧장 퇴사를 하고 새로운 기회를 찾아 떠났고, 다른 한 사람은 회사에 남아 열심히 일했다. 몇 년 뒤 두 사람 모두 성공해 다시 그 선승을 찾아갔다. 그러자 선승이 웃으며 또 이렇게 말했다.

"고작 생각 하나로구나."

이 이야기는 두 가지 이치를 담고 있다.

첫째, 정답이 없는 선택의 기로에 놓였다면, 자재왕여래의 말처럼, 스스로 생각하고, 스스로 알고, 스스로 선택해야 한다. 내배가 고플 때 다른 사람이 대신 밥을 먹어 줄 수 없는 것과 같다. 자기 일은 자기가 직시하고 받아들이고 해결할 수밖에 없으므로 선택할 때는 남이 아닌 자기 자신에게 물어보아야 한다.

둘째, 이 이야기의 진정한 재미는 더 깊은 곳에 담긴 이치에 있다. 더 큰 목표와 소망을 품고 있다면, 이 회사에서 계속 일할 것인가, 퇴사하고 다른 길을 찾을 것인가는 별로 중요하지 않으며, 각자의 생각 하나에 달린 문제다. 굶지 않고 먹고사는 것이 목표인 사람은 이 밥 한 그릇을 얻지 못하면 세상이 무너지는 것 같다. 하지만 내 집 마련이 목표인 사람은 지금 당장 밥 한 그릇을 얻지 못한다고 해서 크게 낙담하지 않는다.

이 회사에서 승진하길 바라는 사람은 일이 난제에 부딪히면

몹시 초조해진다. 하지만 승진에는 관심이 없고 경제적인 자유만을 원하는 사람은 난제를 해결할 수 있으면 회사에 남아 있고 해결할 수 없으면 회사를 떠나면 된다. 어떤 회사를 다니든 그저 과정일 뿐이자, 목표로 가는 길에 거치는 역일 뿐이다. 그곳에 천년만년 머물러 있는 일은 없다. 그렇게 생각하면 지금 여기에서 어떤 일이 생기든 가벼운 마음으로 대할 수 있다.

많은 사람이 좁은 틀 안에 갇힌 채 살아가고 있다. 어떤 직장에서 어떤 직위에 오르겠다는 목표만을 바라보고 사는 사람은 시간이 지나면 그 직장을 자신의 세상 전체로 인식한다. 그 때문에 작은 문제라도 생기면 막다른 길에 갇힌 것 같아 막막해하고 불안해한다. 하지만 사실 그곳은 수많은 길 가운데 하나다. 자기가 더 멀리 가는 꿈을 꾸지 않을 뿐이다. 그곳을 넘어서야만 세상이 얼마나 넓고 얼마나 많은 길이 있는지 알게 된다.

여행 책을 즐겨 읽는 한 소녀가 책에서 본 히말라야에 매료되었다. 그녀에게는 히말라야에 오르는 것이 인생에서 가장 낭만적인 일이었다. 소녀는 자라서 등반가가 되었고 마침내 히말라야로 떠났다. 절반쯤 올랐을 때 산사태를 만나 손가락에 동상이 걸렸다. 손가락을 잘라야 할 수도 있는 상황이었지만, 어릴 적부터 동경해 온 산봉우리는 그녀에게 평소에는 상상하지도 못

했을 힘을 주었다. 그녀는 손가락이 없어도 산을 오를 수 있다
는 생각에 정말로 포기하지 않고 등반을 계속했고 마침내 정상
에 올랐다.

우리 마음속에 이런 산봉우리가 우뚝 서서 우리를 부르고 있
다면 지금 이 순간의 수많은 번뇌도 우리를 흔들 수 없다. 사랑,
백년해로, 높은 직위, 건강 등 저마다의 목표가 있을 수 있지만,
내가 사랑하는 사람의 마음을 얻지 못할 수도 있고, 배우자와
백년해로하지 못할 수도 있으며, 병마와의 싸움에서 쓰러질 수
도 있다. 이 세상의 목표가 인생의 방향을 결정한다. 우리는 날
마다 언제 어디서든 그 목표를 위해 달리고, 그 목표의 한계에
갇히기 때문이다.

지금 있는 그곳은 사실 수많은 길 가운데 하나다.
자기가 더 멀리 가는 꿈을 꾸지 않을 뿐이다.
그곳을 넘어서야만 세상이 얼마나 넓고
얼마나 많은 길이 있는지 알게 된다.

죽음을 앞둔
나폴레옹의
간절한 마지막 소원

법장비구가 국왕이었을 때는 바라는 것도 많고 목표도 많았다. 더 넓은 영토를 갖고 싶어 하고, 여자의 마음을 얻고 싶어 했으며, 다른 나라를 정복하고 싶어 했다. 세계 정복은 속세의 가장 큰 바람이자 목표일 것이다.

게으름을 피우지 않고 노력한다면 그런 바람은 대부분 실현될 수 있다. 문제는 실현한 후다. 아무리 많은 소망을 이루어도 죽음이라는 문제는 해결할 수 없고, 번뇌의 문제도 해결할 수 없다. 유럽 대륙을 거의 정복한 나폴레옹도 죽기 전 마지막으로 바란 것은 좋아하는 커피 한 잔을 마시는 것이었다.

국왕이었던 법장비구는 속세의 바람과 목표를 모두 버리고 생명이 마지막으로 닿을 수 있는 가장 온전한 경지를 목표로 삼았다. 바로 가장 완벽한 불토 극락세계를 만드는 것이었다. 그것은 속세를 초월한 가장 종극에 있는 목표다. 너무 요원하고 공허하게 들릴지는 모르겠지만, 생명의 가장 깊숙한 곳에 있는 바람이었다.

행복하게 살고 싶지 않은 사람이 있을까? 행복이 가장 궁극적인 목표가 아닌 사람이 있을까? 극락세계는 인간의 가장 깊고 보편적이며 가장 온전한 바람이다. 이 바람 때문에 인생에 분명한 방향이 생기고 최종적인 귀착지가 생긴다. 분명한 방향과 최종 귀착지가 있으면 속세에서 우리의 삶은 그저 짧은 여정일 뿐이다. 아무리 부귀해도, 아무리 가난해도, 아무리 행복해도, 아무리 불행해도 마지막에 돌아갈 곳이 있으면 집착을 내려놓고 참을 수 있게 된다.

이렇게 우뚝 솟은 목표가 있으면, 속세에서의 모든 목표는 그렇게 중요하지 않게 된다. 우리가 속세에서 추구하는 모든 목표는 우리에게 실패와 성공을 다 가져다주고, 성공하든 실패하든 또 새로운 목표가 생긴다. 하지만 극락세계라는 최종적인 목표는 오로지 성공만 있으며, 그곳에 가기를 온 마음을 다해 바라기만 하면 그곳은 영원히 우리를 기다려 준다. 그리고 일단 그곳에 가면 더 이상 새로운 목표는 없게 되고 영원한 평온함을 얻을 수 있다.

그것은 유일하게 우리가 마음속 깊이 담아 둘 가치가 있는 목표이며, 다른 목표들은 모두 뜬구름이다.

게으름을 피우지 않으면 대부분의 바람은 실현할 수 있다.

문제는 실현한 후다.

아무리 많은 소망을 이루어도 죽지 않을 수는 없고,

사는 동안 번뇌의 문제도 해결할 수 없다.

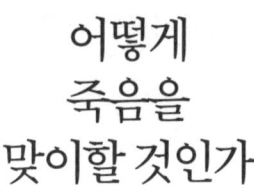

어떻게
죽음을
맞이할 것인가

마음속에 극락세계라는 산봉우리가 있으면 죽음에 대한 두려움에서 자유로워진다. 솔직히 고백하면, 불경을 연구하고 부처의 학설을 믿는 나도 과거에 꽤 오랜 시간 동안 염불과 극락세계에 대한 얘기를 완전히 믿지 못했다. 마음 한 구석에 그것이 우매한 미신이라는 생각을 계속 품고 있었다. 그러다가 3년 전쯤 한 친구가 겪은 일 때문에 이런 생각이 완전히 바뀌었다.

예술가인 그 친구는 한 번도 그 어떤 종교를 믿은 적이 없었다. 어느 해에 그의 아버지가 암 판정을 받았다. 의사는 1년 정도의 시간이 남아 있다고 했다. 가족들, 특히 아버지 본인이 극도의 슬픔에 빠졌다. 아버지는 자신에게 이런 시련을 주는 하늘을 원망하며 울부짖었다.

그 무렵 특별한 인연으로 정토종의 한 승려를 만나게 되었다. 승려는 의사도 아닌 자신이 아버지의 병에 무슨 도움을 줄 수 있겠느냐고 했지만, 어차피 현대 의학으로는 치료할 수 없다고 했으므로 아버지는 그의 절에 가서 지내기로 했다. 잠시 지내다 오겠다던 아버지는 계속 절에서 지냈고, 1년 뒤 절에서 돌아가셨다.

그런데 놀라운 사실은 아버지가 임종하기 전 반 년 동안 완전히 다른 사람 같았다는 점이다. 친구는 아버지를 보러 갈 때마다 아버지 표정이 그렇게 편안하고 온화하고 평온할 수가 없었다고 했다. 게다가 이렇게 말하기도 했다.

"내가 벌써 예순이야. 옛날 같으면 장수한 셈이지. 몇 년 더 살려고 큰 돈 들여서 대수술을 받을 필요 없어. 어차피 죽을 텐데 남은 시간 편안히 살련다."

친구는 아버지가 임종할 때 마치 집으로 돌아가듯 편안한 표정이었다고 했다. 그 일을 계기로 그 친구는 정토종 신도가 되었고, 나도 정토종을 새롭게 인식하게 되었다.

출생은 우리가 어찌할 수 없는 것이고, 죽음 역시 우리가 어찌할 도리가 없는 일인 것 같다. 그렇다. 우리는 자신의 출생을 스스로 결정할 수 없다. 하지만 태어난 뒤 의미 있는 인생을 살 것인지 무의미한 인생을 살 것인지는 결정할 수 있다. 죽음도 스스로 결정할 수 없지만, 죽을 때 편안히 떠날 것인지 고통스럽게 떠날 것인지는 스스로 결정할 수 있다.

불치병에 걸리거나 나이가 들어 점점 늙어 가면 누구나 죽음을 두려워하고 생명을 연장하고 싶은 마음이 들기 마련이다. 조금이라도 더 살 수만 있다면 무슨 방법이든 다 쓰려는 사람들도 있다. 하지만 어떻게 하든 결국에는 죽는다. 어쩔 수 없이 죽어야 한다면 기쁘게 떠나는 편이 더 낫지 않은가?

일본 임제종의 한 승려가 어느 날 절에 있는 동자승에게 이렇게 말했다.

"그동안 시중을 들어줘서 고맙다. 나는 우란분절(백중)에 떠난다."

동자승이 물었다.

"돌아가시려고요? 우란분절은 모두 바쁜 날이잖아요."

승려가 말했다.

"그럼 오늘 떠나야지."
"오늘도 바빠요."
"그럼 내일 떠나자꾸나."

사람들은 스님이 농담을 하는 줄 알고 웃고 넘겼다. 그런데 다음날 아침 그가 세수를 하고 정갈한 옷으로 갈아입더니 자신을 보러 온 몇 사람에게 말했다.

"시간이 좀 남았으니 내가 좋아하는 조루리(박자를 맞춰 낭송하듯 이야기를 읊는 것)를 몇 구절 들려주마."

잠시 후 그의 목소리가 뚝 멎어 고개를 돌려보니 그가 앉아서 숨을 거둔 뒤였다.

정토종의 시조인 동진의 혜원대사는 어느 날 밤 선정에서 빠져나오니 아미타불이 허공에 떠 있고 좌우에 관음보살과 대세지보살이 서 있었다. 아미타불이 그를 보고 "이레 뒤에 내 국토에서 태어날 것이다"라고 말했는데, 정말로 그는 이레 뒤 앉은 채로 평온히 입적했다.

정토종의 제2조인 선도대사도 어느 날 갑자기 "내 몸이 싫구나. 서방에 가서 살아야겠다"라고 말하고는 절 앞에 있는 버드나무에 올라가 서쪽을 향해 "부처님께서 오셔서 저를 맞이해 주시고 제가 정념을 잃지 않고 편안히 왕생하도록 보살께서 도와주십시오"라고 기도했다. 그러고는 반듯이 앉은 채 입적했다.

정토종의 제13조인 인광대사는 임종이 가까이 왔음을 알고 사람들에게 "염불하고 부처님을 친견하면 결단코 왕생극락할 수 있다. 부처님이 맞이하러 오셨으니 나는 간다"라고 말한 뒤 서쪽을 향해 앉은 채로 평온하게 입적했다.

자신의 죽음을 어떻게 알 수 있을까? 내 인생의 마지막 순간은 어떨까? 평소와 다름없는 어느 아침, 평소처럼 일어나서 아침밥을 먹고 평온히 앉아 있다가 고개가 툭 떨어지는 순간 이 세상에서의 내 여정이 무로 돌아가고 창밖에서 또 새로운 하루가 시작되는 상상을 해 본다. 한 친구는 자신에게 마지막 순간

이 온다면 숲이나 강을 따라 걷다가 그 자리에 쓰러져서 떠나고
싶다고 했다.

자신의 죽음을 어떻게 알 수 있을까?

내 인생의 마지막 순간은 어떨까?

재미있게 살고
보기 좋게
죽으려면

정토종에서는 사는 동안 열심히 수행하면 이 세상을 고통 없이 평온히 떠날 수 있고, 자신이 언제 죽을지 알 수 있다고 한다. 죽을 때가 되면 떠날 때가 됐다는 생각이 들고, 어느 날 때가 되면 옆에 있는 사람에게 "시간이 됐군. 난 갈게"라고 말하고 마지막 숨을 거두는 것이 가능하다고 말한다. 대부분의 고승들이 이렇게 우아한 모습으로 세상을 떠났다.

바로 이 점이 정토종에 대한 내 생각을 바꿔 놓았다. 나는 온몸 여기저기에 삽관을 한 채 병상에서 고통에 몸부림치다가 존엄하지 않은 모습으로 세상을 떠나고 싶지 않다. 생명이 있을 때도 잘 살아야 하지만, 죽을 때도 잘 죽어야 한다. 삶은 재미있게 살고, 죽음은 보기 좋게 죽을 수 있길 바란다.

업력과 수행이 충분한 사람에게 죽음은 극락세계에 갈 수 있는 기회다. 법조대사의《오회법사찬(五會法事讚)》에 이런 아름다운 묘사가 나온다.

이 세상에서 한 사람이 염불을 하면 극락세계의 칠보 연못에 연꽃 한 송이가 피고, 백 사람이 염불을 하면 칠보 연못에 연꽃 백 송이가 핀다. 염불하는 사람의 마음 수만큼 연꽃이 피는데, 부지런히 정성을 다해 염불할수록 연꽃이 아름답고 무성해진다. 그러다가 염불한 사람이 죽어 극락세계에 왕생하면, 중생의 배를 빌려 다시 태어나는 것이 아니라 그 연꽃 속에서 태어난다. 모태를 빌려 태어나는 것이 아니므로 정욕도 성욕도 필요 없고 정자와 난자의 결합도 필요 없이 아주 깨끗하게 연꽃 속에서 태어나는 것이다. 또 성장 과정을 다시 겪을 필요도 없다. 극락세계에서는 태어날 때부터 이미 그 모습이다.

물론 의심하는 사람들도 있을 것이다. 그게 정말인가요? 어떻게 증명하죠? 내가 할 수 있는 대답은 "모른다"뿐이다. 아마 석가모니도 그게 정말인지 증명해 줄 수 없을 것이라고 믿는다. 석가모니는 아마 이렇게 대답할 것이다.

"네가 정말이라고 믿는다면 정말이다."

그렇다. 우리가 죽으면 어디로 갈까? 이 질문은 영원한 수수께끼다. 누구도 죽었다가 돌아올 수 없기 때문이다. 어쩌면 생명은 단 한 번뿐일지도 모른다. 한 번 떠나면 더 이상 돌아오지 않으므로. 어쩌면 생명은 아주 많을지도 모른다. 수없이 계속 윤회하므로. 매번의 생이 수행이며, 그 수행이 계속 쌓인다. 매번의 죽음이 기회가 된다. 그렇다. 죽었다가 돌아온 사람은 없다. 어쩌면 그곳은 지옥일지도 모른다. 한 번 들어가면 돌아올 수 없으므로. 어쩌면 그곳은 천국일지도 모른다. 한 번 들어가면 돌아오기 싫어하므로. 어쩌면 정말로 천국과 지옥이 있을 수도 있고, 아무것도 없이 그저 끝없는 공허만 있을 수도 있다.

정토종에서는 오로지 한 마음으로 염불하면, 오로지 한 마음으로 서방에 왕생하기를 바라면, 죽음이 곧 아름다운 여정의 시작이 된다고 한다. 죽음은 더 이상 두려운 일이 아니라 아름다운 변태(變態)다. 나는 이런 관념과 상상이 더없이 아름답고 기묘하기 때문에 조금의 의심도 없이 석가모니의 말을 믿는다.

여기서 서쪽으로 가면 서방 극락세계가 있는데 그곳은 청정하고 맑은 소리가 가득하고, 장엄하고 아름다우며, 먹고살기 위해 노력할 필요도 없고, 모든 사람이 평등한 세계다. 사는 동안 청정한 마음으로 청정한 행동을 하고 굳은 신념으로 믿는다면 죽은 뒤에 그곳에 가서 다시는 속세로 돌아오지 않을 수 있다. 다시 속세로 돌아와 하루 세 끼를 먹기 위해 아등바등 애쓸 필요가 없다. 극락세계에 왕생한 생명은 아름답게 피어난다. 목적도 없고 곡절도 없고 결말도 없다. 그저 활짝 피어나기만 한다.

어쩌면 그곳은 지옥일지도 모른다.
한 번 들어가면 돌아올 수 없으므로.
어쩌면 그곳은 천국일지도 모른다.
한 번 들어가면 돌아오기 싫어하므로.

3장

입으로
아마티불을 읊고
귀로 아미타불을
들어라

나의 삶에 온전히 집중하는 법

어수선하고
혼란한 일상을
일거에 바꾸는 방법

    서방 극락세계를 믿고 아미타불을 믿고 그곳에 왕생하고 싶다고 발원하며 그곳을 자기 생명의 최종적인 목표로 삼는 것은 여정의 시작일 뿐이다. 첫걸음을 내디뎠다면 이제 열심히 앞으로 나아가야 한다. 믿음과 소망이 당신에게 날개를 달아 주기는 하겠지만 날개가 생긴다고 날아오를 수 있는 것은 아니다.

    애니메이션 《리오》에서 앵무새 블루는 어려서부터 사람에게 길러져 날지 못했고, 나는 법을 배워야만 하늘로 날아오를 수 있었다. 우리도 믿고, 발원하고, 또 행동하고, 수련해야 한다. 염불이 바로 행동이고 수련이다. 어떻게 염불할까?

밀란 쿤데라의 《느림》에서 '나'는 옆 차에 탄 남녀 한 쌍이 앞 차가 제멋대로 방향을 트는 바람에 차가 막히자 남자가 미친 듯이 경적을 울려대며 욕을 하고 여자도 덩달아 욕을 해대는 모습을 보고 생각에 잠긴다. 차가 막혀 갈 수가 없는데 왜 저렇게 조바심을 낼까? 왜 차분히 기다리지 못할까? 저 남자는 왜 여자의 허벅지에 천천히 손을 얹어 볼 생각을 하지 않고, 여자는 왜 천천히 남자에게 기대며 달콤한 말을 건네지 않을까?

밀란 쿤데라가 지적한 것은 많은 사람들이 분주하게 돌아가는 생활 속에서 오로지 빠르게 목적지에 닿는 데만 급급한 탓에 대부분의 시간을 불행하게 보내고 있다는 점이다. 그 시간을 천천히 보낸다면 더 재미있을 것이다. 아무리 암울한 상황이 닥쳐도 조바심 내지 말고 차분한 마음을 유지한다면 생활이 훨씬 재미있을 것이다.

그런데 혼자서 차를 운전하고 있다면 밀어를 속삭이고 사랑을 나눌 상대가 없다. 또 누군가와 함께 있더라도 일시적인 쾌락을 좇아 차에서 사랑을 나눈다면 차에서 내린 뒤 더 큰 곤란함이 생길 것이다. 만약 연지대사가 두 남녀의 옆에 있었다면 염불을 하라고 조언했을 것이다. 염불은 타인에게 의지하지 않고도 혼자 마음을 차분히 가라앉히기만 하면 할 수 있다.

염불은 어떤 곤란한 상황을 만들지도 않는다. 번뇌를 없애 줄 뿐 아니라 훗날 서방 극락세계에 갈 수 있도록 에너지를 축적해 준다. 그래서 연지대사는 언제 어떤 상황에 처하든 염불하기 좋다고 했다.

"부귀한 사람은 의식이 넉넉하니 염불하기 좋고, 가난한 사람은 집이 작고 성가심이 적으니 염불하기 좋고, 자손이 있는 사람은 제사를 맡길 수 있으니 염불하기 좋고, 자손이 없는 사람은 홀가분하고 자유로우니 그 역시 염불하기 좋습니다. 자식이 효도하는 사람은 편히 봉양을 받으니 염불하기 좋고, 자식이 불효하는 사람은 낳고 길러 준 은애(恩愛)를 떨쳐 낼 수 있으니 염불하기 좋으며, 병이 없는 사람은 건강하니 염불하기 좋고, 병이 있는 사람은 인생의 무상함을 깨달으니 염불하기 좋습니다. 나이가 많은 노인은 남은 세월이 얼마 남지 않았으니 염불하기 좋고, 나이가 적은 젊은이는 정신이 맑으니 염불하기 좋습니다. 또 한가로운 사람은 마음에 번거로움이 없으니 염불하기 좋고, 바쁜 사람은 바쁜 중에도 틈을 내서 염불하기 좋으며, 출가한 사람은 속세의 만물 밖에서 소요하니 염불하기 좋고, 출가하지 않은 사람은 집이 불타고 있음을 알고 있으니 염불하기 좋으며, 똑똑한 사람은 정토법문을 훤히 아니 염불하기 좋고, 어리석은 사람은 다른 능력이 없으니 염불하기 좋습니다. 또 계율을 지키며 수행하는 사람은 계율이 곧 부처님의 법도이니 염불하기 좋고, 경전을 보며 수행하는 사람은 경전이 곧 부처님의 설법이니 염불하기 좋고, 참선으로 수행하는 사람은 참선이 곧 부처님의 마음이니 염불하기 좋고, 도를 이미 깨달은 사람은 깨달음이 곧 부처님의 증명이니 염불하기 좋습니다. 그리하여 모든 이에게 두루 염불을 권하니 시급히 염불하십시오."

모든 순간은 우리 스스로 보내는 것이다. 지금 이 순간이 심심하다고 느낀다면 역시 자신이 심심하게 시간을 보내기 때문이다. 밀란 쿤데라는 아무리 암울한 상황이라도 그 시간을 재미있게 보낼 수 있다고 했지만, 연지대사는 상황이 좋든 안 좋든 그 시간을 의미 있게 보낼 수 있다고 했다.

염불은 언제든 할 수 있다. 염불은 어수선하고 혼란한 일상을 일거에 바꾸는 힘이 있다. 우리가 무엇을 하고 있든 염불을 통해 언제 어디서든 평온함을 유지하고, 있는 그대로의 참모습인 진여실상(眞如實相) 안에서 머물 수 있다. 그뿐인가. 염불을 통해 바로 지금 이 순간의 평온만을 얻는 것이 아니라 내세에 서방극락세계에 태어나 철저히 해탈까지 할 수 있다.

모든 순간은 우리 스스로 보내는 것이다.

지금 이 순간이 심심하다고 느낀다면

역시 자신이 심심하게 시간을 보내기 때문이다.

입으로
아미타불을 읊고
귀로 아미타불을 들어라

《아미타경》에서 석가모니는 이렇게 말했다.

"만일 어떤 선남자나 선여인이 아미타불의 명호를 듣고 그 명호를 마음에 굳게 지니며 하루, 이틀, 사흘, 나흘, 닷새, 엿새, 이레 동안 잡념 없이 염하여 아미타불에게 온 마음을 다해 귀의한다면, 그가 임종할 때에 아미타불이 극락세계의 여러 성중과 함께 그 앞에 나타날 것이다. 이때 만약 그 사람이 평소에 염불할 때처럼 평온한 마음이 흐트러지지 않는다면 극락세계에 왕생할 수 있을 것이니라."

이레는 아주 짧은 시간이다. 그 시간 동안 오롯이 한 마음으로 아미타불을 염송하면 마지막 목적지에 닿을 수 있다. 이레는 연속된 시간이다. 그 시간 동안 꾸준히 아미타불을 염송하면 마지막 목적지에 도착할 수 있다. 이레는 아마 연속성과 용이성을 강조하기 위한 비유일 것이다. 이레는 나중에 타칠(打七)이라는 불교 의식이 되었다. 타칠이란 깨끗하고 조용한 곳에서 이레 동안 집중해서 염불을 하는 것인데, 이레 동안 염불하기만 하면 된다는 뜻이 아니라 일상이 아무리 바빠도 염불을 잊어서는 안 된다고 일깨워 주는 것이다.

염불에는 네 가지 방법이 있다.

첫째, 지명(持名) 염불이다. 잡념을 밀어내고 '아미타불'의 명호를 입으로 또렷하게 읊고 귀로 들으면서 염불하는 것이다.

둘째, 관상(觀像) 염불이다. 먼저 아미타불의 불상이나 그림을 보고 부처의 상호(相好, 부처의 육신에 갖춰진 훌륭한 용모)를 마음에 새겨 기억한 뒤 조용히 앉아 마음속에 있는 부처의 모습을 바라본다.

셋째, 관상(觀想) 염불이다. 《관무량수경》에 기록된 16관에 따르면, 관상 염불은 극락세계의 장엄함을 관상하고, 서방 삼성(三聖, 아미타불, 관세음보살, 대세지보살)의 32상(相)을 관상하고, 구품중생(九品衆生)이 어떻게 서방 삼성의 인도를 받는지 관상하는 것이다.

넷째, 실상(實相) 염불이다. 인연은 공(空)에 의해 일어남을 알고 잡념을 버리고 오로지 한 마음으로 관상하는 것으로 실상불(實相佛)을 염하는 것이다.

가장 어려운 것이 실상 염불이며 일반인은 실천하기 힘들다. 제일 쉬운 것은 지명 염불이다. 아미타경에서 말하는 염불과 연지대사가 말한 염불이 바로 지명 염불이다. 일반인이 염불이라고 말하는 것도 기본적으로는 지명 염불이다. 지명 염불은 아주 단순해서, 누구든 한 번만 배우면 쉽게 실천할 수 있고, 언제 어디서든, 부자든 가난한 사람이든, 시간이 많든 적든 상관없이 할 수 있다. 연지대사는 이렇게 말했다.

"염불 법문은 누구나 행할 수 있습니다. 천년 암실에 등불이 하나 있어 비추는 것과 같습니다. 마소를 잡는 백정도 칼을 내려놓고 염불할 수 있을 정도로 행하기가 어렵지 않습니다. 속세의 그 어떤 일에도 방해가 되지 않습니다. 관리가 국사를 돌보는 데 방해가 되지 않고, 선비가 글을 읽는 데 방해가 되지 않으며, 상인이 장사를 하는 데도 방해되지 않습니다. 농부가 농사 짓는 데도 방해가 되지 않고, 부녀자가 일을 하는 데도 방해되지 않으며, 승려가 참선하는 데도 방해가 되지 않습니다. 어떤 일을 해도 서로 방해가 되지 않습니다. 매일 이른 아침 염불해도 되고, 바쁜 일과 중에 틈을 내어 염불해도 되며, 천 번, 백 번을 해도 되고, 삼백 번, 오백 번을 해도 되고, 열 번을 해도 됩니다. 회향(回向, 자신이 기도한 공덕이 함께 나누어지길 바라며 타인에게 돌리는 것)하고 발원하기만 하면 됩니다. 서방정토에 왕생하기를 발원하면 왕생할 수 있습니다."

지명 염불은 누구든 한 번만 배우면
쉽게 실천할 수 있고,
언제 어디서든, 부자든 가난한 사람이든,
시간이 많든 적든 상관없이 할 수 있다.

삶을 통째로 변화시키는
불가사의한
여섯 글자의 힘

지명 염불에서 가장 중요한 것은 명(名)과 염(念)이다.

명, 즉 염송하는 '명호'에는 특별한 의미가 내포되어 있어서 염송을 반복하면 이 명호가 자신의 의식 속에 녹아들어 우리의 일상이 변화된다.

티베트인은 어릴 적부터 '옴마니반메훔'이라는 육자진언을 읊는데, 이 여섯 개의 글자와 소리가 모든 보살의 가피와 자비를 상징하며 신비한 힘을 가지고 있다. 각각의 소리마다 각기 다른 공덕이 들어 있다. 예를 들어 첫 글자인 '옴'은 부처의 지혜를 상징하며 오만한 마음을 없애 준다. 또 이 여섯 개의 음절은 인체의 기맥과 연관되어 있어서 반복적으로 염송하면 중국 기공의 호흡처럼 몸을 건강하게 하는 효과도 있다. 티베트족 전체가 차분한 분위기를 풍기는 것도 그들이 일상적으로 육자진언을 반복해서 염송하기 때문이다.

정토종에서는 일반적으로 '나무아미타불'을 염송한다. '나무'란 공경과 정례(頂禮, 이마가 땅에 닿도록 엎드려 올리는 예법)를 의미하는 것으로 '아미타불' 앞에 '나무'를 붙이면 자신의 모든 것을 아미타불에게 바친다는 뜻이다.

앞에서 말했듯이, 아미타불은 무량광과 무량수를 의미한다. 따라서 우리가 '나무아미타불'을 조용히 또는 큰소리로 염송하면 우리의 몸과 마음을 비롯한 모든 것을 바쳐 무한한 광명에 귀의하고, 광명이 환하게 비친 진상(眞相)에 귀의하며, 무한한 시간에 귀의한다는 뜻이다. 한 마디로 우리 개체의 존재를 다 바쳐 전체 속으로 들어가 귀의한다는 의미다. 아미타불을 염송하는 것은 호소이자, 광명을 향한 부름이며, 무한함과 전체를 부름이다. 아미타불의 명호를 입으로 외고 귀로 들으며 우리 마음이 귀로에 오르는 것이다.

'아미타불'이라는 명호 자체에 특별한 뜻이 내포되어 있을 뿐 아니라 각 글자의 소리에도 특별한 의미가 있다. 《화엄42자모(華

嚴四十二字母)》에 보면, '아'는 모든 진리가 여기에서 나온다는 뜻이다. "'아' 자를 부를 때는 반야바라밀문에 들어가니 이름이 보살의 위력으로 차별 없는 경계에 들어감이니라"라고 했다. '미'는 평등과 무아(無我)를 의미하고, '타'는 모든 진리가 들어 있는 창고를 의미한다. 그러므로 '아미타' 세 글자는 무량한 공덕을 의미한다.

불교의 수많은 경전은 평생을 읽어도 다 읽을 수 없다. 불교 학자가 아니라 그저 초조함과 불안을 떨쳐 내고 평온하게 살고 싶은 일반인이라면 간단히 명호를 반복해서 염송하는 것으로 충분하다. 옛날에 일연 대사는 일반인이 '나무묘법연화경'이라는 몇 글자만 반복해서 읊어도 된다고 했고, 선종의 몇몇 대사들은 '무(無)'라는 글자 하나만 읊어도 된다고 했으며, 티베트불교에서도 육자진언만 염불하면 된다고 했다. 정토종에서도 '나무아미타불'은 모든 공덕을 가진 위대한 명호이므로 우리 인생의 방향과 질을 철저히 변화시킬 수 있다고 했다.

어떤 글자인지는 중요하지 않다. 중요한 것은 바로 그 순간 즉시 마음을 차분히 가라앉히고 명호 하나에 집중한 후 마음속으로 조용히 또는 소리 내어 염송하는 것이다. '비질'이라는 시시해 보이는 단어라도 꾸준히 읊다 보면 어느 순간 온전한 해탈을 얻을 수 있다.

일이 마음대로 잘 풀릴 때 나무아미타불을 읊으면 경거망동하지 않을 수 있고, 슬플 때 나무아미타불을 읊으면 낙담하지 않을 수 있으며, 일이 뒤죽박죽 꼬였을 때 나무아미타불을 읊으면 방향을 잃지 않을 수 있다. 신비하고 무한한 힘을 가진 나무아미타불은 소리의 형태로 우리 생활 속에 녹아들어 우리가 경험하는 모든 순간을 생명 자체의 희열로 바꿔 줄 것이다. 그러면 좋고 나쁨의 구분이 사라지고, 언제 어디서든 평온해지며, 매 순간 영원한 극락세계로 향할 수 있다. 나무아미타불.

때때로 나무아미타불을 읊으면
일이 잘 풀릴 때 경거망동하지 않을 수 있고,
슬플 때 낙담하지 않을 수 있으며,
뒤죽박죽 꼬였을 때 방향을 잃지 않을 수 있다.

4장

초조 불안 걱정이
단숨에 사라지는
신비한 주문

삶에 용기를 더하는 법

삶이 지친다면
부처의 관상법을
배워라

《불설관무량수불경(佛說觀無量壽佛經)》에 관상(觀相) 염불 방법이 소개되어 있다. 지명 염불은 명호를 염송하기만 하면 그만이지만, 관상 염불에는 상상력이 필요하다. 구체적인 이미지를 상상하고 자신을 그 이미지 속에 집어넣어야 한다.

관상 염불의 탄생 배경에는 이런 이야기가 있다.

왕사성의 한 왕자가 남의 모함을 믿고 자신의 부모인 국왕과 왕비 위제희 부인을 유폐시켜 감옥에 가두었다. 위제희 부인이 감옥에서 석가모니에게 구원해 달라고 마음속으로 기도하자 어느 날 석가모니가 제자 목건련과 아난을 데리고 마치 허공을 날아온 듯한 모습으로 그녀 앞에 나타났다.

석가모니가 그렇게 자유자재로 날아다니고 감옥을 마음대로 드나들 수 있다면 당연히 위제희 부인과 국왕을 감옥에서 구출했을 거라고 짐작하는 사람도 있겠지만, 그런 일은 일어나지 않았다. 불경의 기록에 따르면, 위제희 부인은 석가모니에게 자신을 구출해 달라고 간청한 것이 아니라 속세의 고통에 염증이 난다며 자신을 걱정도 번뇌도 없는 곳으로 데려다줄 수 있느냐고 물었다.

《법화경》을 읽었거나 불교 이론을 잘 아는 사람들은 아마 위제희 부인의 말이 무슨 뜻인지 알 것이다. 석가모니는 그녀를 감옥에서 구출해 다른 곳에 데려다줄 수 있었을 것이다. 하지만 속세에 있는 한 어딜 가든 이 감옥에서 저 감옥으로 옮긴 것에 불과하기 때문에 이 감옥에서 벗어나는 것은 의미가 없다. 이 세상을 벗어나 최종적인 목적지에 갈 수 있느냐가 중요한 것이다.

위제희 부인은 석가모니에게 이 감옥에서 구출해 달라고 청한 것이 아니라, 자신이 왕생할 때 더 이상 이 세계에 태어나지 않고, 나쁜 소리를 듣지 않고, 나쁜 사람을 만나지 않게 해 달라고 청했다. 그러자 석가모니의 미간에서 밝은 빛이 나오며 시방세계에 있는 모든 부처의 청정 불토를 보여 주었다. 위제희 부인이 그걸 보고 자신은 오직 아미타불의 서방 극락세계에 가고 싶다고 했다. 석가모니가 그녀에게 서방 극락세계에 왕생하는 법을 알려 주었는데, 석가모니는 마치 심리 전문가처럼 위제희 부인의 인식을 변화시키고 최종적으로 그녀가 처한 환경을 초월할 수 있도록 차근차근 인도했다.

석가모니는 우선 위제희 부인에게 마음을 집중하고 극락세계의 모습을 상상하라고 했다. 이것은 유가에서도 마음을 수련할 때 이용하는 방법으로, 어떤 대상을 놓고 마음을 안정시킨 뒤 상상을 펼치는 것이다. 청나라 때 사상가 안원은 자신이 버드나무 밑에서 참선했을 때의 상황을 기록해 놓기도 했다.

어느 무더운 여름날 안원이 버드나무 밑에 앉아 버들잎에 시선을 고정시킨 채 응시했다. 정신을 집중하고 버들잎만 보고 있었더니 어느 순간 버들잎이 스킨답서스 잎사귀로 변하고 그 잎사귀를 투사한 알알이 영롱한 진주로 변했다. 그때 파리가 그의 귓가에서 왱왱 날아다녔지만 참선하는 그에게는 그 소리가 마치 요순 시대의 음악인 구소(九韶)처럼 들렸다.

관상법은 마음의 힘으로 우리 자신과 환경의 관계를 변화시키는 것이다. 안원도 관상을 하는 동안 더위가 느껴지지 않았다. 이런 관상을 꾸준히 하면 사람의 기질과 사고방식도 천천히 변화시킬 수 있다.

관상법은 마음의 힘으로
자신과 환경의 관계를 변화시킨다.
이런 관상을 꾸준히 하면
사람의 기질과 사고방식도 천천히 변화시킬 수 있다.

지금 바로
마음이 평온해지는
13가지 방법

1관 일상관(日想觀)

태양이 서쪽으로 천천히 지는 것을 관상한다.

서쪽을 바라보며 가만히 앉아서 마음을 가볍게 한 뒤 태양이 서쪽으로 지는 모습을 상상한다. 태양의 형태와 색을 상상하고, 태양이 하늘에서 천천히 내려앉는 것을 상상한다. 그다음 태양이 내려앉은 곳, 바로 그 서쪽에 극락세계가 있다고 상상한다.

버스를 타고 퇴근하는 직장인이라면 퇴근길에 석양을 볼 수 있을 것이다. 그러면 버스에서 실제로 서쪽으로 지는 해를 바라보아도 된다. 도시가 아무리 붐비고 소란스러워도 서쪽 하늘을 바라보면 태양은 언제나 평온하다. 서방은 늘 그렇게 평온하다.

이런 관상을 하는 순간, 하루 동안 쌓였던 피로가 풀릴 것이다. 반복해서 관상하며 눈을 감고 있을 때나 뜨고 있을 때나 태양이 서서히 서쪽으로 향하는 것을 또렷이 볼 수 있을 정도로 수련한다. 언제 어디서든 해가 지는 것을 보며 마음을 차분히 가라앉히고 태양이 서서히 서쪽으로 향하는 그곳에 극락세계가 있음을 생각한다.

2관 수상관(水想觀)
물이 천천히 얼어 얼음이 되는 것과
얼음이 천천히 유리가 되는 것을 관상한다.

서방 극락세계가 깨끗하고 탁 트인 물이라고 상상한다. 속세의 물은 그 청정함을 따라갈 수 없을 만큼 청정하다. 의식 속에 깨끗한 물만 흐르고, 눈에 보이는 것도 청정한 물뿐이다. 그런 다음, 물이 아주 천천히 얼어 맑고 영롱한 얼음이 되는 모습을 상상한다. 이제 서방 극락세계에는 얼음뿐이다. 얼음 세계지만 조금도 춥지 않다. 그런데 그 얼음을 손으로 만지려고 하자

유리로 변한다. 이제 서방 극락세계는 유리뿐이다. 사방이 온통 투명하다.

지구의 대지는 흙과 바위로 되어 있고 곳곳에 아직도 당신이 보지 못한 어둠이 있다. 하지만 이 순간 당신 눈앞에 보이는 것은 유리로 된 대지이고, 대지 위아래에 있는 모든 것을 볼 수 있다. 지하에서 금강칠보로 된 금당(金幢, 부처의 경문이 새겨진 기둥)이 지탱하고 있는데, 금당에 박혀 있는 수많은 보배 구슬이 수만 가지 빛을 발산하고, 각각의 빛에서 8만4천 가지 색깔이 나와 마치 억천 개의 태양이 유리 대지를 비추는 것 같다.

유리 대지 위에 난 길은 황금을 교차시켜 장식하고 일곱 가지 보물이 나란히 놓여 있는데, 모든 보물에서 오백 가지 색을 띤 빛이 발산되어 꽃 같기도 하고 별과 달 같기도 하며 이것들이 허공에 떠서 누대를 이룬다. 누대에는 백 가지 보물로 지은 천 개의 누각이 있고, 누각 양 옆에 각각 백억 개의 꽃 깃발과 무수히 많은 악기가 있어 은은한 음악이 울려 퍼지며 고(苦), 공(空), 무상(無常), 무아(無我)의 불법을 설한다. 은은한 음악을 상상하고, 불법의 음악이 흘러넘쳐 이 세상 전체를 휘감아 도는 상상을 해보자.

3관 지상관(地想觀)

극락세계의 대지를 관상한다.

세 번째는 대지를 상상하는 것이다. 물, 얼음, 유리, 금당, 누대를 상상한다. 눈을 뜨고 있을 때든 감고 있을 때든 이것들을 볼 수 있다면 그다음으로 극락세계의 대지를 상상한다. 그곳의 대지는 끝없이 넓고 물처럼 평탄하다. 마음을 차분히 가라앉히고 아주 깊이, 깊숙이 그 대지로 들어간다.

마음이 차분해지면 그 대지와 청정한 물이 천천히 몸 안으로 들어와 의식 속에 흘러넘치고, 시원하고 깨끗한 얼음이 몸 안에 들어와 의식 속에 흘러넘치며, 또 유리, 금당, 누대, 음악… 극락세계의 대지 전체가 모든 의식에 흘러넘치게 된다.

4관 보수관(寶樹觀)

극락세계에 있는 일곱 겹의 보배 나무를 관상한다.

이제 마음을 차분히 하고 4관인 보수관으로 들어가자. 극락세계에 일곱 겹으로 서 있는 보배 나무를 관상한다. 속세에서는 이런 나무를 볼 수가 없다. 나무의 키가 8천 유순(由旬)이나 되고,

꽃과 잎은 칠보로 되어 있으며, 각각 기이한 색을 갖고 있다. 유리 색에서는 금색 빛이 나고, 수정 색에서는 붉은 빛이 난다. 보배 나무 위에 기묘한 진주 그물이 덮여 있는데, 모든 나무마다 일곱 겹의 그물이 덮여 있고, 그물 한 겹마다 범왕궁(梵王宮)처럼 화려한 궁전이 오백억 개씩 있다.

여러 하늘의 동자가 그 안에서 한가하고 자유롭게 살고 있으며, 각 동자마다 오백억 개의 석가비릉가여의마니보(釋迦毗棱伽如意摩尼寶)로 만든 영락(구슬을 꿰어 만들어 목에 거는 장신구)을 걸고 있다. 그 빛이 백 유순을 비추는데, 마치 백억 개의 해와 달의 빛을 모아 놓은 것 같아 그것이 어떤 빛이라고 말로 다할 수 없고 여러 가지 보배가 섞여 있어 색이 매우 아름답다.

이런 보배 나무들은 한 줄 한 줄 질서 있게 서 있고, 잎과 잎 사이에 차이가 분명하며, 나뭇잎 사이에서 아름다운 꽃이 피고, 그 꽃에는 칠보로 된 열매가 자연스럽게 열려 있다. 나뭇잎 한 장의 크기가 무려 가로 세로 25유순이나 되고, 잎 위에는 천 가지 색깔과 백 가지 무늬가 수놓아져 있어서 마치 하늘의 영락과 같다.

기묘한 꽃송이들은 염부단금(閻浮檀金, 염부나무 사이를 흐르는 강에서 나는 사금) 색으로 빛나고, 마치 불붙은 바퀴가 구르는 것처럼 천천히 나뭇잎 사이를 돌고 있다. 꽃에 달린 여러 가지 열매는 제석

천의 보배 병 같고, 큰 빛이 깃발로 변해서 된 보배 양산이 있으며, 수많은 보배 양산에 삼천대천세계의 모든 불사가 비쳐 나타나고 시방세계의 불국정토도 모두 나타난다. 이런 보배 나무를 관상한 후에 다시 처음부터 시작해서 보배 나무의 줄기, 잎, 꽃, 열매를 하나씩 관상하는데, 모두 눈앞에 있는 것처럼 또렷하게 떠올려야 한다.

5관 보지관(寶池觀)
극락세계에 있는 연못을 관상한다.

이제 연못물을 관상할 차례다. 이 연못물은 속세의 호수나 바닷물과 다르고, 2관에서 관상한 물도 아니다. 이 물은 여덟 가지 공덕을 가진 연못물인 팔공덕수다.

모든 연못은 칠보로 만들어져 있고 여의주왕에게서 나온 것이다. 각 연못마다 물줄기가 열네 개로 나누어져 있는데, 각각의 물줄기가 칠보 색을 띠고, 황금으로 물길이 나 있으며, 물길의 밑바닥에는 오색 금강 모래가 깔려 있다. 각 물줄기마다 칠보 연꽃 60억 송이가 있고, 연꽃 한 송이 한 송이의 크기가 12유순이나 된다.

또 마니보에서 나오는 물이 연꽃 사이로 흐르고 보배 나무에 뿌려진다. 물 흐르는 소리가 미묘하여 고, 공, 무상, 무아의 여러 가지 바라밀을 연설하고, 또 모든 부처님의 얼굴과 모습을 찬탄한다. 꽃과 나무 사이를 흐르는 보배수는 여의주왕처럼 금색의 미묘한 빛을 발산한다. 이 빛이 백 가지 보배 빛의 새로 변해 지저귀며 노래하는데, 그 소리가 부처님을 생각하고, 가르침을 생각하고, 스님을 생각하는 것을 찬탄한다. 이것이 바로 팔공덕수상이다.

6관 · 총관상(總觀想)
극락세계의 전체적인 모습을 관상한다.

지금 마음을 차분히 한 뒤 상상해 보라. 극락세계에서 각종 보배로 이루어진 수많은 국토의 모든 경계마다 5백억 개의 보배 누각이 있는데, 누각마다 수많은 보살들이 천상의 음악을 연주하고 있다. 그 악기들은 천상의 보배 깃발처럼 허공에 매달려 있고, 연주하지 않아도 저절로 울리는데, 그 미묘한 소리가 모두 부처님을 생각하고, 불법을 생각하고, 스님들을 생각하라고 연설하고 있다.

이 관상까지 마치면 극락세계의 보배 나무, 보배 땅, 보배 연 못을 대략 살펴본 것이다. 석가모니는 위제희 부인과 아난에게 이 경지까지 관상하면 무량억겁 동안의 무거운 악업을 면할 수 있고, 목숨이 다한 뒤 반드시 서방 극락세계에 왕생할 것이라고 했다.

7관 화좌관(華座觀)
극락세계의 연화대를 관상하다.

석가모니의 가르침에 따라 위제희 부인은 6관을 마친 뒤 아미 타불, 관세음보살, 대세지보살을 보았다. 그러면 미래의 중생은 어떻게 해야 아미타불과 두 대보살을 볼 수 있을까? 이 물음에 석가모니는 이렇게 대답했다.

"아미타불을 보았다면 이런 생각을 일으켜야 한다. 자신이 칠 보로 된 대지 위에 있다고 상상하고, 칠보 대지 위에 피어 있는 연꽃을 상상해야 한다. 그 연꽃은 잎사귀에서 백 가지 보배의 색이 나고 8만4천 개의 잎맥이 있는데 마치 저절로 그려진 그림 같다. 각 잎맥마다 8만4천 가지 빛이 발산되고 있음을 분명하게 관상해야 한다. 작은 꽃잎도 크기가 250유순이나 되고 연꽃 한 송이에 8만4천 개의 연잎이 있으며, 연잎 사이마다 백억 개의 마니주가 장식되어 있다. 또 모든 마니주마다 천 가지 빛이 나고, 그 빛이 칠보로 된 거대한 양산처럼 대지 전체를 덮고 있다.

그다음에는 연화대를 상상한다. 연화대는 석가비릉가여의보로 되어 있는데, 8만 개의 금강석, 견숙가보, 범마니보와 미묘하고 아름다운 진주 그물로 장식되어 있다. 연화대 위에 네 개의 기둥으로 된 보배 깃발이 세워져 있는데, 각각의 보배 깃발은 백천억 개의 수미산 같고, 보배 깃발에 달린 휘장은 야마천궁과도 같으며 5백억 가지 미묘한 보배 구슬로 장식되어 있다. 각각의 보배 구슬은 8만4천 가지 빛이 나고, 각각의 빛은 8만4천 가지의 다른 금빛이 나며, 모든 금빛이 극락세계의 구석구석을 비춘다. 그 빛이 곳곳에서 계속 변해 각기 다른 모습을 나타내는데, 때로는 금강대가 되고, 때로는 진주 그물이 되고, 또 때로는 오색 구름이 되기도 한다. 이 금빛이 곳곳에서 바뀌어 나타나고, 모든 사물을 불사에 쓸 수 있다. 이것이 바로 화좌상이다."

석가모니는 아난에게 이렇게 말했다.

"이 연꽃들은 본래 법장비구의 원력으로 이루어진 것이다. 아미타불을 보고 싶다면 응당 연화대를 관상하는 수행을 해야 한다. 수행할 때는 작은 잡념이라도 섞여서는 안 된다. 모든 잎, 구슬, 빛, 연화대, 깃발을 순서대로 하나하나 관상해야 하며, 거울에 비친 자기 얼굴만큼 또렷하게 보여야 수행을 성취한 것이다. 이 수행을 성취한 사람은 5만억겁 동안의 생사의 죄가 소멸되고 반드시 극락세계에 왕생할 것이다."

8관 상관(像觀)
아미타불의 모습을 관상하다.

다음으로 석가모니는 위제희 부인과 아난에게 부처를 관상하라고 했다. 어째서 부처를 관상할까? 모든 부처는 법계법신(法界法身)으로 모든 중생의 생각 속에 존재하기 때문이다. 자기 마음으로 부처를 관상할 때 자기 마음이 바로 부처의 32상과 80수형호(隨形好, 부처와 보살에게 있는 신체의 미세한 특징)다. 마음으로 부처를 관상하면 마음이 곧 부처이고, 모든 부처의 바른 지혜는 바다처럼 넓으며 마음에서 생겨난다.

마음을 차분히 가라앉히고 오직 한 마음으로 다타아가도(多陀阿伽度), 아라가(阿羅呵), 삼막삼불타(三藐三佛陀) 등 아미타불의 다른 명호를 관상한다. 아미타불을 관상하려면, 우선 아미타불의 모습을 상상해야 한다. 눈을 감고 있든 뜨고 있든, 염부단 금색의 불상이 연화좌 위에 앉아 있는 형상을 볼 수 있을 것이다. 이같은 형상을 보고 나면 마음의 눈이 열려서 칠보 세계의 칠보로 된 장엄과 보배 땅과 보배 연못, 줄지어 있는 보배 나무를 분명하게 볼 수 있을 것이다. 천상의 휘장이 극락세계를 덮고, 하얀 보배 그물이 허공에 가득한 것까지 모든 것을 손바닥 들여다보듯 마음의 눈으로 볼 수 있을 것이다.

그런 다음 큰 연꽃이 부처님의 왼쪽에 피어 있는 것을 상상한다. 이 연꽃은 앞에서 말한 연꽃과 똑같다. 또 그와 똑같은 연꽃이 부처님의 오른편에 있는 것도 상상한다. 관세음보살상이 부처님 왼편의 연화좌에 앉아 있는 것을 상상한다. 보살상의 금색은 앞에서 말한 금색과 똑같다. 또 대세지보살이 부처님 오른편의 연화좌에 앉아 있는 모습을 상상한다. 이런 관상이 이루어지면, 아미타불과 두 보살상이 모두 광명을 발하고, 금색의 광명이 보배 나무를 비출 것이다. 각각의 나무 아래 연꽃 세 송이가 있고, 연꽃마다 각각 불상 하나와 보살상 두 개가 있을 것인데, 그러면 연꽃, 부처, 보살이 극락세계에 가득할 것이다.

그러면 수행자는 물 흐르는 소리와 광명, 보배 나무, 원앙 등이 모두 미묘한 불법을 설하는 소리를 들을 것이다. 관상의 선정에 들었을 때나 선정에서 나왔을 때나 언제나 불가사의한 불법을 들을 것이다. 관상의 선정 중에 들은 불법을 선정에서 나왔을 때도 잘 기억했다가 경전과 맞춰 보아야 한다. 그것이 경전과 다르면 그 관상은 허망한 것이고, 같다면 극락세계를 대략 보았다고 할 수 있다.

9관 진신관(眞身觀)
아미타불의 몸에서 나는 빛을 관상하다.

이제 차분한 마음으로 아미타불의 몸에서 나는 빛을 관상할 차례다.

아미타불의 몸은 백천억 야마천의 염부단 금색이고, 그의 키는 60억 나유타로 헤아릴 수 없이 크다. 그의 눈은 또 얼마나 클까? 미간의 백호광(白毫光)이 마치 다섯 개의 수미산처럼 오른쪽으로 천천히 돌고 있다. 그의 눈은 대해의 물처럼 깊고 넓으며 푸른색과 흰색이 분명하다. 그의 온몸에 있는 모공에서 광명이 나오는데 수미산의 광명과도 같고, 그의 정수리에 있는 둥근 빛은 백억 삼천대천세계만큼이나 크다. 그 둥근 빛 속에 항하의 모래만큼 셀 수 없이 많은 백천억 나유타 화신불이 있는데, 각각의 화신불마다 무수히 많은 화신보살들이 시중을 들고 있다.

아미타불에게는 8만4천 가지 상서로운 형상이 있고, 그 하나 하나의 형상 속에 각각 8만4천 가지 수형호가 있으며, 다시 각각의 수형호에서 8만4천 가지 광명이 나온다. 또 각각의 광명이 시방세계에서 염불하는 중생을 두루 비추어 그들이 극락세계에 왕생하도록 보호한다.

아미타불의 형상을 말로 다 표현할 수 없으니 기억하고 생각하여 마음의 눈으로 보아야 한다. 이런 것을 볼 수 있는 수행자는 시방세계의 모든 부처님을 볼 수 있다. 모든 부처님을 볼 수 있기 때문에 염불삼매라고 한다. 이렇게 관상하는 수행을 '일체의 불신을 본다'라고 한다. 부처님의 몸을 보기 때문에 부처님의 마음도 볼 수 있다. 부처님의 마음이란 무엇일까? 큰 자비다. 부처님의 마음은 모든 중생을 구제하는 평등한 자비다.

아미타불을 어떻게 관상해야 할까? 어떤 한 가지 형상에서 시작할 수 있다. 예를 들면 미간의 백호광을 분명하게 관상한 뒤에 다른 분위를 관상하는 것이다. 백호광을 볼 수 있다면 다른 모든 형상의 특징도 볼 수 있다. 아미타불을 볼 수 있으면 다른 무수히 많은 부처님도 볼 수 있고, 모든 부처님을 볼 수 있으면 모든 부처님이 그대 앞에 나타나 미래불을 수기(授記, 부처가 수행자에게 알려 주는 예언과 약속)로 내릴 것이다. 이것을 '모든 색신상(色身相)을 두루 본다'고 한다.

10관 관음관(觀音觀)
관세음보살의 모습을 관상하다.

관세음보살은 우리에게 매우 익숙한 이름이다. 그런데 그(그녀)가 어떻게 생겼는지 생각해 본 적이 있는가? 마음을 차분히 가라앉히고 관세음보살의 모습을 상상해 보자.

관세음보살은 키가 아주 큰 보살이다. 얼마나 클까? 80만 나유타 유순이나 된다. 그의 몸은 자금색이며 눈부시게 빛난다. 정수리에는 육계(肉髻, 부처의 정수리에 솟아오른 혹)가 있고, 목에는 둥근 빛이 있으며, 얼굴 너비가 천 유순이나 된다. 눈부신 둥근 빛 속에 5백 화신불이 있는데 모두 석가모니와 똑같이 생겼다. 모든 화신불마다 5백 화신보살과 무수히 많은 천인들이 시중을 들고 있고, 오도(五道)를 떠도는 중생의 온갖 모습도 둥근 빛 속에 모두 나타난다.

관세음보살의 머리에는 비릉가마니보로 된 천관이 있고, 천관 가운데에 화신불이 있는데, 그 높이가 25유순이다. 관세음보살의 얼굴색을 상상하면, 깨끗한 염부단 금색이고, 미간의 백호는 칠보 색을 띠고 있는데 거기서 8만4천 가지 광명이 흘러넘친다. 각각의 광명 속에 무한히 많은 백천만 화신불이 있고, 각각의 화신불에게 무수히 많은 화신보살이 시중을 들고 있다. 그 화신불과 화신보살이 광명 속에서 자유자재로 모습을 바꾸어 시방 세계에 가득 차 있다.

관세음보살의 팔은 붉은 연꽃색이고, 80억 가지 미묘한 광명으로 만든 영락을 가지고 있으며, 그 영락 속에 모든 종류의 장엄한 일들이 널리 나타난다. 관세음보살의 손바닥은 5백억 가지 색을 띤 연꽃 같고, 열 개의 손가락마다 8만4천 가지의 무늬가 있어 마치 도장이 찍힌 것 같다. 또한 무늬마다 8만4천 가지 색이 있고, 각각의 색에 8만4천 가닥의 빛이 난다. 그 빛은 부드러워서 모든 것을 두루 비춘다. 관세음보살은 그런 손으로 중생을 맞이하여 인도한다.

관세음보살이 걸을 때 발바닥에 천폭륜상(千幅輪相)이 있는데, 이것이 자연히 변화하여 5백억 개의 광명대가 되고, 발을 디딜 때 땅 밑에서 금강마니꽃이 솟아나 세상에 가득 찬다. 관세음보살의 모든 형상이 석가모니 부처님과 마찬가지로 아름답고 완전하지만, 단지 정수리의 육계가 석가모니 부처님에 미치지 못한다.

관세음보살을 보고 싶다면 이 방법으로 관상한다. 이 관상의 수행을 이룬 사람은 어떠한 재앙이든 피할 수 있고, 업장이 깨끗이 소멸되어 무수겁 동안의 생사의 죄가 사라지게 된다. 관세음보살의 명호만 들어도 무량한 복을 받을 수 있는데, 하물며 그의 모습을 자세히 관상한다면 어떻겠는가? 관상할 때는 먼저 정수리의 육계를 관상한 뒤에 천관을 관상하고, 그다음에 다른 부위의 형상을 관상하는데, 마치 손바닥을 들여다보듯 또렷하고 분명하게 관상해야 한다.

11관 세지관(勢至觀)
대세지보살의 형상을 관상하다.

대세지보살은 어떤 모습일까? 차분한 마음으로 대세지보살을 관상해 보자.

대세지보살의 몸집은 관세음보살과 같고, 둥근 빛과 얼굴 크기는 각각 125유순이며, 250유순까지 비춘다. 온몸이 밝고 깨끗해 시방세계를 자금색으로 비춘다.

인연 있는 중생은 대세지보살을 볼 수 있다. 대세지보살의 모공 하나에서 나오는 빛만 보아도 시방세계 수많은 부처의 청정하고 미묘한 빛을 볼 수 있다. 그래서 대세지보살을 '무변광보살

(無邊光菩薩)'이라고도 부른다. 또 지혜의 광명으로 속세를 두루 비추어 인연이 있는 중생이 삼악도를 떠나게 하고 위 없는 힘인 무상력을 얻게 하므로 '대세지보살'이라고 부른다.

대세지보살의 천관에는 보배 연꽃 500송이가 있고, 각각의 보배 연꽃에 보배로 된 받침대 5백 개가 있으며, 각각의 받침대마다 시방세계의 청정하고 미묘한 불국토의 광대한 모습이 모두 나타난다. 정수리의 육계가 발두마화(鉢頭摩華) 같고, 육계 위에 보배 병이 있는 것을 제외하면 대세지보살의 다른 모습은 관세음보살과 같다. 대세지보살이 걸을 때면 시방세계의 모든 산수와 대지가 진동하고, 땅이 울리는 곳마다 보배 연꽃 5백억 송이가 피어나는데 각각의 꽃송이가 장엄하고 극락세계의 꽃처럼 고결하고 뛰어나다. 대세지보살이 앉으면 극락세계의 칠보국토가 흔들린다.

아래로는 금광불국(金光佛國)부터 위로는 광명왕불국(光明王佛國)에 이르기까지 그 사이에 있는 먼지처럼 수없이 많은 부처 세계에서 아미타불의 분신, 관세음보살의 분신, 대세지보살의 분신이 모여들어 연화좌에 앉아 허공을 가득 채운 채 미묘한 불법을 설하고 고해에 있는 중생을 제도하는 광경을 상상해 보라. 이런 관상 수행을 '대세지보살의 색신상을 관한다'고 말한다.

수행으로 대세지보살을 본 사람은 무수한 아승지겁 동안에 지은 수많은 생사의 죄를 면할 수 있고, 다시 사람의 태중에 들어가지 않고 시방세계 여러 불국토를 돌아다니며 노닐 수 있다.

12관 보관(普觀)
자신이 극락세계에서 태어난 것을 관상한다.

아미타불, 관세음보살, 대세지보살이 허공의 연화좌에 앉아서 불법을 설하는 것을 보았다면, 그다음으로 자신이 극락세계에서 태어난 것을 관상해야 한다.

이 세상에서의 마지막 순간을 생각해 본 적이 있는가? 생각해 보지 않았다면 지금이 바로 기회다. 생의 마지막에는 결국 죽는다는 것을 알아야 한다. 죽음을 모른 척하고 즐겁게 산다면 그건 너무 불안정한 즐거움이다. 죽은 뒤를 통찰하는 낙관이야말로 진정한 낙관이다.

이제 마음을 차분히 가라앉히고 바로 그 순간이 왔다고 상상해 보자. 당황하지도 두려워하지도 말라. 죽음이란 새로운 여정의 시작이다. 속세의 그 어떤 것에도 미련을 갖지 말고 철저하게 홀가분해져야 한다. 아무리 미련을 가져도 그것들을 가지고 떠날 수는 없으므로 모든 미련을 홀홀 털어버리고 홀가분하게 떠나야 한다.

자기 몸이 가벼워져서 광명 속으로 들어가는 모습을 상상해보자. 시간의 터널을 지나 다른 세계로 들어간다. 그 세계에서 당신은 연꽃 속에 가부좌를 틀고 앉아서 아직 피어나지 않은 연꽃과 오므라들어 있는 꽃봉오리를 생각한다. 그런 다음 연꽃잎이 천천히 벌어지며 꽃이 만개하는 상상을 한다. 연꽃이 피어날 때 5백 가지 색과 빛이 당신 몸을 비추고 불법을 설한다. 눈앞에 갑자기 수많은 부처와 보살이 허공에 떠서 나타난다. 물, 새, 나무, 숲, 여러 부처들의 목소리가 불법을 설하고 있는데, 그 불법들이 대승불교의 여러 불경이 전하는 불법과 같다.

선정에서 빠져나온 뒤에도 선정에 들었을 때 본 광경을 잊지 말고 기억해야 한다. 이런 관상을 '무량수불과 극락세계를 보았다'고 한다. 앞에서 개별적인 모습만 관상한 것과 달리 이것은 전체적인 모습을 관상하는 것이므로 '보관상'이라고 한다.

13관 잡상관(雜像觀)
아미타불의 불상과 화신을 관상하다.

만약 지극한 마음으로 서방 극락세계에 왕생하고 싶다면, 한

장 여섯 척 되는 아미타불상이 칠보 연못 위에 있는 모습을 상상하는 수행을 해 보자. 어째서 한 장 여섯 척일까? 앞에서 말했듯이 아미타불의 몸은 한없이 커서 범부의 마음으로는 닿을 수가 없다. 하지만 아미타불의 위대한 원력에 의지해 불상을 생각하는 사람은 반드시 성취할 수 있다. 단지 불상을 관상하기만 해도 무량한 복을 받는데, 하물며 부처님의 구족(具足, 빠짐없이 골고루 갖추어져 있음)하신 모습을 관상하는 공덕은 더 말해서 무엇하겠는가?

아미타불의 위대한 신통력은 마음먹은 대로 이루어지므로 자유자재로 모습을 바꾸어 시방 불토에 나타난다. 때로는 허공을 가득 채울 만큼 거대한 몸으로 나타나기도 하고, 때로는 한 장 여섯 척 팔 촌의 작은 몸으로 나타나기도 한다. 어떤 모습으로 변하든 모두 진금색으로 눈부시게 빛난다.

관세음보살과 대세지보살은 어디서든 그 몸의 변화한 형상이 일반 중생과 같지만, 그들의 얼굴을 보면 관세음보살인지 대세지보살인지 알 수 있다. 어째서 일반 중생과 같은 모습일까? 이 두 보살이 아미타불을 도와 널리 모든 중생을 교화하기 때문이다. 이런 관상을 '잡상관'이라고 한다.

이 세상에서의 마지막 순간을 생각해 본 적이 있는가?

생각해 보지 않았다면 지금이 바로 기회다.

죽은 뒤를 통찰하는 낙관이야말로 진정한 낙관이다.

5장

다시,
내가 사는 곳은
천국인가
지옥인가

지옥 같은 현생에서 천국 같은 삶을 사는 지혜

무거운
업을 짊어진 사람이
극락왕생하는 법

석가모니는 위제희 부인에게 16가지 관상 염불 방법을 알려 주었다. 1관부터 13관까지는 어떤 형상에 집중하는 것이다. 서쪽으로 지는 태양에서부터 시작해 서방 극락세계의 아름다움과 장엄함, 아미타불과 두 보살의 모습, 자신이 극락세계에 왕생한 모습을 차례로 상상하게 했다.

이어서 14관부터 16관까지는 한 가지 이치를 일깨워 준다. 어떤 이치일까? 바로 세 번 왕생하는 이치다. 14관은 상배생상(上輩生想), 15관은 중배생상(中輩生想), 16관은 하배생상(下輩生想)이다. 이 세 가지 관상에서 공통적으로 상상한 모습은 자신이 서방정토에 왕생했을 때 아미타불, 관세음보살, 대세지보살이 맞이하러 나오는 광경이다.

아주 아름다운 광경이지 않은가. 상상해 보라. 평온히 눈을 감고 속세의 모든 것을 내려놓은 뒤 몸이 가벼워져서 날아가는데 아미타불이 무한한 광명을 비춰 주고, 관세음보살은 손에 금강대를 들고 있으며, 그들과 대세지보살, 수많은 화신불들이 허공에서 길을 인도한다. 광명이 눈앞을 환히 비추는 순간, 이미 서방 극락세계에 도착해 있다.

여기서 두 가지 중요한 점이 있다. 첫째, 임종하는 순간이다. 그 순간, 수많은 부처와 보살이 허공에서 다가와 서방으로 인도한다. 둘째, 왕생의 차별화다.

14관부터 16관까지에서 석가모니가 강조한 중요한 관념이 있다. 똑같은 왕생이지만 업력과 수행의 정도에 따라 왕생의 등급이 아홉 개로 나뉜다는 점이다. 상배생상에 상품상생(上品上生), 상품중생(上品中生), 상품하생(上品下生)이 있고, 중배생상에 중품상생(中品上生), 중품중생(中品中生), 중품하생(中品下生)이 있으며, 하배생상에 하품상생(下品上生), 하품중생(下品中生), 하품하생(下品下生)이 있다.

하배생상에 대해 석가모니는 극악무도한 죄를 지은 사람도 선지식(善知識, 성품이 바르고 덕이 높은 불교 수행자)을 만나 염불 법문을 배워 꾸준히 수행한다면 서방 극락세계에 갈 수 있다고 했다. 이것을 대업왕생(帶業往生)이라고 한다. 그런데 이것을 지극한 마음으로 염불하기만 하면 서방에 왕생할 수 있다는 뜻으로 오해하는 사람들이 있다. 또는 염불을 어떤 신령한 존재에게 자신을 보우해 달라고 기원하는 무속 행위로 잘못 이해한 사람들이 있다. 그래서 평소에 거리낌 없이 죄를 지으며 날마다 입으로 아미타불을 염송하고 절에 큰돈을 기부하지만 일상으로 돌아가면 불의한 방법으로 돈을 번다. 불보살이 그들을 보우해 줄까? 불보살이 그들의 비리를 받아들일까? 결코 그렇지 않다.

석가모니의 대업왕생은 자비심을 베풀어 누구에게나 해탈의 기회를 열어 주는 것이다. 한 사람이 과거에 무슨 일을 했든 지금 깨달음을 얻기만 하면 다른 사람이 될 수 있고, 자신과 과거 때문에 무거운 짐을 지지 않아도 된다. 하지만 석가모니가 강조한 것은 악행을 저지른 사람이 불법을 듣고 후회하고 참회한 뒤 더 이상 악을 저지르지 않아야 한다는 사실이다.

회두시안(回頭是岸), 즉 고개를 돌리니 그 자리가 바로 극락이라는 말에서도 '고개를 돌린다'는 전제 조건이 충족돼야 극락에 갈 수 있다는 뜻이 담겨 있다. 염불하기만 하면 과거에 무슨 일을 저질렀든, 지금 무슨 일을 하고 있든, 앞으로 무슨 일을 하든 극락세계로 가는 배표를 얻을 수 있다는 뜻이 아니다. 석가모니의 말은 언제든 바로 이 순간, 심지어 죽음을 바로 앞둔 순간이라도 덕이 높은 승려가 그를 위해 나무아미타불을 염송해 주거나 불법을 설해 주고 그 순간 그가 자신의 죄를 깊이 후회하고 참회한다면 과거의 죄업이 사라지고 정토왕생할 수 있다는 의미다.

《불설관무량수경》과 《아미타경》을 보면 석가모니는 염불 법문을 알려 주기 전에 반드시 전제 조건을 제시한다. 어떤 전제조건일까? 《불설관무량수경》에서 석가모니는 위제희 부인에게 관상법을 가르쳐 주기 전에 이렇게 말한다.

"저 나라에서 태어나고자 하는 이는 마땅히 세 가지 복을 닦아야 한다. 첫째, 부모에게 효도하고 봉양하며, 스승과 어른을 받들어 섬기고, 자비로운 마음으로 살며 살생하지 말아야 하고, 열 가지 선업을 닦아야 한다. 둘째, 불, 법, 승 삼보에 귀의하고 여러 가지 계를 지니며, 위의(威儀)를 범하지 않아야 한다. 셋째, 보리심을 발하여 인과의 이치를 깊이 믿고, 대승경전을 독송하며, 다른 수행자들에게 부지런히 권해야 한다. 이 세 가지를 청정한 업이라고 하며, 이 세 가지 업이 과거, 현재, 미래 삼세 부처의 청정한 업의 바른 인(因)이다."

심지어 죽음을 바로 앞둔 순간이라도

덕이 높은 승려가 그를 위해 나무아미타불을 염송해 주고

그 순간 그가 자신의 죄를 깊이 후회하고 참회한다면

과거의 죄업이 사라지고 정토왕생할 수 있다.

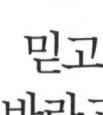

믿고
바라고
행동하라

《아미타경》에서 석가모니는 극락세계의 아름다움을 얘기하고 중생에게 극락세계에 왕생하기를 발원하라고 권하며 "선근과 복덕이 있어야만 저 나라에 왕생할 수 있다"고 했고, 마지막에서야 일심으로 염불하라고 했다. 극락세계에서 태어나고 싶다면 우선 극락세계가 아름답다는 사실을 믿고 극락세계에 갈 수 있기를 발원한 뒤에 염불이라는 구체적인 수행을 해야 한다는 뜻이다. 이 세 가지 요건을 '신(信), 원(願), 행(行)'으로 정리할 수 있다.

하지만 아무리 깊이 믿고, 아무리 강하게 바라고, 아무리 경건한 마음으로 염불을 해도 전제조건이 갖춰지지 않으면, 즉, 인연이 없으면 공중누각에 불과하다. 이 인연이 바로 '선근과 공덕'이다. 보리심을 발하고 직접 실천한 사람만이 극락세계에 갈 수 있다. 석가모니의 말뜻은 매우 분명하다. 극락세계에 왕생하고 싶다면 먼저 청정한 사람이 되어야 하고, 청정한 사람이 될 수 없다면 아무리 열심히 염불해도 소용없다는 뜻이다.

인과의 힘은 언제든 어디서든 나타난다. 인과가 없이는 불법도 없다. 정토에 왕생하고 싶다면 당연히 청정한 업과 바른 인이 있어야 한다. 어떻게 하면 청정한 업과 바른 인을 얻을 수 있을까? 가장 쉬운 방법은 열 가지 선업을 닦는 것이다. 《십선업도경(十善業道經)》이라는 불경을 보면 인과의 원리가 잘 설명되어 있다.

열 가지 선업이란, 살생하지 않고 자비심을 갖는 것, 남의 재물을 훔치지 않고 의롭게 행동하는 것, 음란한 행동을 하지 않고 부부의 도리를 지키는 것, 망령된 말을 하지 않고 진실한 말만 하는 것, 이간질하지 않고 시비를 일으키지 않는 것, 사악한 말을 하지 않고 온화하게 말하는 것, 지나치게 꾸미는 말을 하지 않고 말의 예의를 지키는 것, 탐욕을 부리지 않고 남에게 베푸는 것, 성내지 않고 인내하는 것, 그릇된 견해를 갖지 않고 많이 듣고 지식을 쌓는 것이다.

가만히 살펴보면 특별한 것 없이 그저 일상생활에서 선한 일을 하고 나쁜 일을 하지 않으면 되는 것 같다. 그런데 소동파가 이런 도리는 어린애들도 다 안다고 하자, 한 선승은 "어린애들도 아는 도리를 실제로 실천하는 사람이 얼마나 되는가?"라고 되물었다.

남의 재물을 훔치지 않는 것은 쉽게 실천할 수 있다. 살생하지 않고 짐승을 죽이지 않는 것도 비교적 쉽게 지킬 수 있을 것 같다. 하지만 우리는 모기가 피를 빨거나 주방에 바퀴벌레나 파리가 있으면 서슴없이 모기채로 때려잡거나 발로 밟아 죽인다. 이런 작은 벌레들이 해충이기는 하지만 사람 피를 아주 조금 빨거나 살짝 성가시게 할 뿐인데 굳이 생명을 죽일 필요가 있을까? 문을 열어 내보내면 되지 않을까? 또 우리가 쉽게 밟고 뽑아 버리는 잡초도 엄밀히 따지면 생명이 아닌가? 그러므로 살생하지 않는 것도 그리 쉽게 실천할 수 있는 일이 아니다.

중국의 유명한 승려 홍일법사는 무심코 작은 생명을 해칠까 봐 앉기 전에 항상 의자에 개미 같은 작은 생명이 없는지 반드시 살폈다고 한다. 이렇게 조심스러운 행동에는 따뜻한 자비심이 담겨 있다. 따뜻한 자비심이 있으면 대체로 망령된 말이나 이간질하는 말, 사악한 말, 지나치게 꾸미는 말을 하지 않는다.

사실 이것들도 막상 실천하려면 그리 쉽지 않다. 하루 종일 시비를 일으키는 말이나 거짓말을 한 마디로 하지 않을 수 있는지 시험해 보라. 공자는 "무릇 군자라면 천천히 말해야 한다"라고 했고, 석가모니는 "깨달은 사람은 말할 때 자비롭고 온화해야 한다"라고 했다. 이것을 실천할 수 있다면 이 세상이 더 자비롭고 따뜻한 곳이 될 것이다.

탐욕을 부리지 않는 것, 성내지 않는 것, 그릇된 견해를 갖지 않는 것, 음란한 행동을 하지 않는 것도 실천하기가 쉽지 않다. 우리는 날마다 무엇을 얻으려고 탐욕을 부리며 살고 있는가? 날마다 무엇 때문에 그렇게 성을 내는 것인가? 날마다 무엇을 위해 그릇된 견해를 갖고 망상을 하는 것인가? 아무것도 바라지 않는다면 어떤 환경에서든 마음이 물처럼 평온할 수 있고, 아무리 혼란한 상황에서도 진실된 모습을 관조할 수 있다. 그렇게 할 수 있다면 당신의 세계는 청정하고 평온해질 것이다.

뿐만 아니다. 석가모니가 말한 십선업을 지키며 수행한다면 일상생활에서 수많은 복덕을 쌓고 선한 인(因)을 심을 수 있고, 이렇게 청정하고 평온한 인(因)이 원한과 보복의 고리를 끊고 우리를 청정한 경지로 데려다줄 것이다. 이렇게 청정한 경지에 있어야만 염불을 하든 참선을 하든 신비한 힘이 생겨나고, 인생에 기적이 나타날 수 있다.

연꽃처럼 활짝 피어나고 싶다면 연꽃 씨앗을 심어야 한다. 심전(心田), 즉 '마음 밭'이라는 말이 있다. 마음이 밭과 같아서 씨앗을 심으면 열매를 맺는다는 뜻이다. 이 말을 기억하고 앞에서 말한 대업왕생을 다시 생각해 보면, 석가모니가 대업왕생을 말했던 의도를 더 잘 이해할 수 있을 것이다. 그건 부득이한 경우를 위한 방법이었다.

살면서 불법을 한 번도 접해 보지 못한 사람이 임종할 때가 되어서 어떤 인연으로 불법을 접하고 아미타불의 명호를 듣는 순간 진심으로 감동했다면 해탈할 수 있다. 돌멩이 하나가 강물에 던져졌는데 때마침 지나가던 배가 있어서 강물에 떨어지지 않고 배에 떨어졌다면, 그 돌멩이는 잠시나마 평온함을 얻을 수 있고 원하는 곳에 갈 수 있다. 하지만 돌멩이가 영원히 강물에 빠지지 않고 싶다면 꾸준히 수련해서 물에 가라앉지 않도록 스스로 자기 성질을 바꾸어야 한다.

다시 앞으로 돌아가서, 선지식을 만나는 것은 불교의 이치에 따르면 전생에 맺은 선한 인연의 결과다. 《무량수경》에서 말하기를, 과거세에 복덕을 닦지 않으면 정토정법을 들을 인연에 닿을 수 없다고 했다. 선지식을 만나는 것도 역시 과거세에 스스로 노력한 결과인 것이다. 자기 자신을 바꾼다는 것은 내면에 있는 진정한 자신을 발견하는 것이며, 그 진정한 자신이 바로 영원히 가라앉지 않는 자신이다.

자기 자신을 바꾼다는 것은
내면에 있는 진정한 자신을 발견하는 것이며,
그 진정한 자신이 바로 영원히 가라앉지 않는 자신이다.

자신만의
인생에
집중하는 법

　사형 판결을 받은 사형수가 머리에 기름 한 통을 이고 길의 이쪽 끝에서 저쪽 끝으로 걸어갔다가 또다시 이쪽 끝으로 걸어오고 있었다. 그 길에 가지각색의 사람들이 있었다. 교태를 부리며 다가오는 미인, 먹음직한 음식을 놓고 손님을 부르는 장사꾼….

　하지만 사형수는 기름을 한 방울도 흘리지 않고 한 바퀴를 다 돌면 사면해 주겠다는 국왕의 약속을 받은 터였다. 보통 사람 같으면 거의 불가능한 일이겠지만 사형수는 그 일을 해냈을 것임을 짐작할 수 있을 것이다.

그림 동화에 이런 이야기가 나온다. 여섯 왕자가 계모의 저주에 걸려 백조로 변한다. 저주를 풀 수 있는 사람은 막내 동생인 공주뿐이었다. 공주가 그로부터 6년 되는 날 쐐기풀로 짠 옷 여섯 벌을 백조들에게 던져 주어야 저주를 풀 수 있었다. 게다가 그 6년 동안 공주는 웃어서도 안 되고 말을 해서도 안 된다고 했다.

공주가 묵묵히 옷을 짜고 있는데 이웃 나라 국왕이 그녀를 보고 사랑에 빠졌다. 국왕은 말도 한 마디 하지 않는 그녀를 왕비로 맞이했다. 하지만 그녀가 첫 아이를 낳자 그녀를 미워하는 국왕의 어머니가 일부러 아이를 감춘 뒤 왕비가 왕자를 죽였다고 모함했다. 억울한 누명을 썼지만 그녀는 그저 침묵했다.

그녀는 묵묵히 셔츠를 짜기만 했고, 그 어떤 일도 그녀를 흔들어 놓지 못했다. 둘째 아이가 태어났지만 이번에도 국왕의 어머니는 아이를 감춘 뒤 왕비가 왕자를 죽였다고 했다. 그녀를 사랑하는 국왕은 그 말을 믿지 않았다. 하지만 셋째 아기가 태어난 뒤 또다시 사라지자 국왕은 자기 어머니 말을 믿을 수밖에 없었고 왕비에게 사형을 내렸다. 그녀는 단두대로 끌려가면서도 입을 열지 않았다.

그런데 그날이 바로 오빠들이 저주에 걸린 지 6년째 되는 날이었다. 그녀는 옷 여섯 벌을 완성했지만 그 중 한 벌은 소매 한

쪽이 없었다. 여섯 오빠가 하늘에 나타나자 그녀가 옷을 던졌고, 마침내 오빠들이 사람의 몸으로 돌아왔다. 소매 한쪽이 없는 옷을 입은 막내 왕자는 백조 날개 하나가 남았다. 그 후 그녀와 국왕은 왕자들과 함께 행복하게 살았다.

프랑스 철학자 시몬 베유는 이 동화에 대해 이렇게 말했다.

"옷 여섯 벌을 짜는 일은 그녀를 한 가지 일에 몰입시키는 수단이었을 뿐이다."
"그녀의 유일한 힘은 순일함이었다. 불순물이 하나도 섞이지 않은 모든 것은 진리다."

잡념을 떨쳐 내고 마음을 하나로 모으면 평소에는 상상도 할 수 없는 힘이 우리 내면에서 솟아나 평소에는 불가능한 일을 해 낸다. 어떻게 하면 집중할 수 있을까? 석가모니는 이 질문에 이렇게 대답했다.

"삶과 죽음은 가장 큰 일이다."

죽음을 인식할 때 사람은 예상치 못한 커다란 힘을 발휘한다는 뜻이다. 죽음 앞에서, 또는 생사의 갈림길에서 인간은 외부 환경의 모든 간섭을 떨쳐 내고 자신이 하는 일에만 집중할 수 있다. 그 공주는 자신의 생사가 경각에 달렸을 때도 오직 오빠들의 생사만을 생각했으므로 그 역시 죽음을 인식함으로써 집중력을 발휘한 것이었다.

애플 창업자인 스티브 잡스는 이 방법을 늘 실천했다. 그는 날마다 자신에게 이렇게 물었다.

'내일 내가 죽는다면 지금 무엇을 할까?'

죽음 앞에서는 그 어떤 것도 헛되고 사소해지며, 오로지 자기 내면에서 진정으로 바라는 것만 남는다는 사실을 그는 알고 있었다. 평생 자기가 좋아하는 일 한 가지에만 집중하라. 이것은 가장 쉽고 단순한 성공 비결이다. 소위 '성공'이라는 것이 존재한다면 말이다.

미켈란젤로는 "돌에서 영혼을 발견하고 불필요한 부분을 깎아 내 작품을 만들었다"라고 말했다. 우리 생활을 조각으로 삼아도 좋고, 잡스처럼 번잡한 인생을 가지치기해서 단순하게 만들어도 된다. 하기 싫은 일을 하지 않고, 하고 싶은 일에 온 마음을 쏟아 몰입한다면 결과는 그리 중요하지 않다.

많은 사람들이 젊어서부터 자기 인생에 불필요한 것들을 차곡차곡 쌓으며 살아간다. 그러다가 어느 날 이룬 것 하나 없이 늙어 버린 자신을 발견하지만, 초조함, 아쉬움, 회한 속에서 괴로워하다가 어쩔 수 없이 세상을 떠난다. 생명의 성장은 양적인 축적이 아니라 질적으로 부단히 순일해지는 과정이다. 시몬 베유의 말처럼 유일한 힘은 불순물이 섞이지 않은 순일함에서 나온다. 《아미타경》 중 "만일 어떤 선남자, 선여인이 아미타불의 이야기를 듣고 그 명호를 굳게 지녀 하루, 이틀, 사흘, 나흘, 닷새, 엿새, 이레 동안 일념으로 집중하여 흐트러지지 않으면, 그가 임종할 때 아미타불이 여러 성중과 함께 그 앞에 나타날 것이다"라는 석가모니의 말도 이와 일맥상통한다.

많은 사람들이 석가모니의 말을 멋대로 단순화시켜 "염불하기만 하면 서방 극락세계에 왕생할 수 있다"라고 이해하지만, 사실 석가모니에게는 중요한 전제 조건이 있었다. 바로 '일념으로 집중하여 흐트러지지 않는 것', 즉 '일심불란(一心不亂)'이다. 입으로만 염불해서는 효과가 없다. 반드시 일심불란해야 부처가 나타난다.

물론 염불을 하면 저절로 일심불란할 수 있기도 하다. 일심불란은 수단이자 목적이다. 일심불란이란 무엇인가? 연지대사는 '사일심(事一心)'과 '이일심(理一心)'이라고 해석했다. 인순법사의 말을 빌리면, '사일심'이란 "한 번 또 한 번 오로지 부처만 염송하고, 도거(掉擧, 들뜸)에서 벗어나고 혼침(昏沈, 가라앉음)에서 멀어지며, 잡념의 방해 없이 끊이지 않고 꾸준한 것"이다. 간단히 말하면 한 가지 일에 몰입하는 것이다. 그건 무엇일까? 바로 염불이다.

우리는 날마다 잡다한 일에 대응하며 분주히 살고 있다. 석가모니처럼 단호하게 속세의 생활을 내던지고 영적인 생활을 하러 떠나는 사람은 많지 않다. 속세에서 계속 뒹굴고 몸부림치고 분투하며 자신과 가족을 위해 밥벌이를 해야 한다. 자비로운 석가모니는 이런 중생을 위해 많은 방편을 고안해 냈다. 이 염불법문이 아마 그중에서도 가장 간단하고 쉬운 방법일 것이다. 염불은 그 어떤 속세의 일도 방해하지 않고 언제 어디서든 수행할 수 있다.

그런데 언제든 수행할 수 있다는 것이 아무렇게나 대충해도 된다는 뜻은 아니다. 석가모니는 "소리 없이 속으로 읊든 큰소리로 염송하든, 일할 때든 쉴 때든, 반드시 마음을 하나로 모아 집중해서 염불해야 한다"라고 했다. 나무아미타불, 이 명호의 소리와 이미지 또는 의미에 생각과 마음을 집중해야 한다.

아미타불에 집중해 마음을 안정시키면 무슨 일을 하든 원래의 본질에서 벗어나지 않을 수 있다. 속세의 일로 몸은 고단할 수 있지만, 마음만은 시종일관 본질에서 벗어나지 않고 평온한 광명 속에 머물 수 있다. 우리가 이 도시 또는 저 도시에서 살 수 있고, 교사가 될 수도 있고, 종업원이 될 수도 있으며, 결혼을 할 수도 있고 하지 않을 수도 있지만, 일념으로 염불한다면 그 무엇도 내면의 안정을 흩트려 놓지 못한다. 시종일관 아미타불에 집중하고 우리가 최종적으로 도달하려는 경지에 집중하고 있기 때문이다.

아미타불에 집중하고, 광명이 비추는 진실한 모습에 집중하고, 무한함에 집중하면, 무엇을 하든 정도에서 멀어지지 않을 수 있다. 어지러운 인생살이를 가장 중요한 일 한 가지, 즉, 염불로 간단히 요약할 수 있다. 이것이 바로 '사일심', 즉, 한 가지 일에 집중하는 것이다.

집중력은 훈련을 통해 기를 수 있지만, 근본적으로는 행동보다 관념이 우선이므로 '이일심(理一心)'도 해야 한다. '이일심'이란 무엇일까? 인순법사는 "법성의 평등함과 분별하지 않음을 깨닫고 일체상(一切相)에서 멀어져 여래를 보는 것"이라고 했다.

사일심과 이일심의 뜻을 합쳐 보면, 마음과 생각을 하나로 모아 염불하는 한편, 그 마음이 집착하지 않고 분별하지 않는 마음이어야 한다는 것이다. 염불이라는 일에 집중하지만, 그것에 집착하지 않고 분별하거나 판단하지 않으며 그저 자연스러운 음률을 따라 염송하고 관상해야 한다. 외부에서 무슨 일이 일어나든 흔들리지 않고, 자연적인 음률에 따라 아미타불의 명호나 서방정토의 아름다운 모습에 의지해 평온을 유지하면 된다.

이것이 바로 청정함이다. 깨끗하고 깔끔하며 일심으로 자신의 부처만을 염송하는 것이다. 부처는 많은 이치를 얘기하고 많은 법문을 알려 주었다. 수없이 많은 불경을 다 읽은 사람은 거의 없다. 그래서 석가모니는 《아미타경》에서 인생의 가장 궁극적인 목표를 극락세계에 왕생하는 것으로 구체화시키고, 왕생하는 방법을 염불이라는 행위로 단순화시켰다. 그러므로 우리는 오로지 집중해서 염불하기만 하면 된다. 다른 모든 것은 뜬구름일 뿐이다.

이것을 일상생활에 적용해 본다면 오직 한 마음으로 자신의 길을 가는 것이라고 할 수 있다. 이 세상에 태어난 이상 무슨 일이 있어도 인생을 끝까지 완주해야 한다. 망설이고 방황하거나 정신없이 동분서주하는 것보다는 지금 당장 좋아하는 일을 찾아서 실행에 옮기는 것이 낫다.

누군가 젊은이들에게 이렇게 충고했다.

"사람은 뭐든지 다 할 수 없다. 평생에 한 가지 일만 잘해도 훌륭한 인생이다. 한 가지 방향을 선택하고 한 가지 일에 집중해서 스무 살부터 예순 살까지 꾸준히 한다면 결국 이룰 수 있다."

한 가지 일에 집중하면 결국에는 이루어진다. 그런데 최소한 그 일이 하고 싶은 일이어야 한다. 성공한 인생도 실패한 인생도 없다. 오직 내가 경험한 인생만 있을 뿐이다. 지금 경험하고 있는 인생이 내가 좋아하는 것인지, 좋아하지 않는 것인지의 차이만 있다. 한 가지 일에 집중하고, 내가 좋아하는 한 가지 일에 집중하면 그 외에 다른 것은 전혀 중요하지 않다.

머리에 기름통을 이고 있는 사람은 기름통에만 집중했고, 공주는 쐐기풀로 옷을 짜는 데만 집중했다. 누가 뭐라 하든, 무슨 짓을 하든 흔들리지 않았다. 자기 일을 잘하기만 하면 그것으로 족하다. 그런데도 우리는 너무 쉽게 마음이 흔들리고 다른 데 한눈을 팔며 갖가지 성가신 일에 끌려다닌다. 너무 많은 정보에 매몰되어 그것들 중 대부분은 알 필요가 없는 정보라는 사실조차 깨닫지 못한다. 러시아 작가 솔제니친은 "고상한 영혼은 쓸데없는 헛소리와 공허한 말에 파묻히지 않는다. 충실한 생활을 하는 사람에게 과도한 정보는 불필요한 짐이다"라고 했다.

또 우리는 인간관계의 복잡한 문제에 얽매이기 쉽다. 남들이 나를 어떻게 생각하는지 너무 의식하고, 남들이 무엇을 하는지에 너무 관심이 많다. 하지만 사실 남들이 무엇을 하는지는 우리와 아무런 관계가 없다. 남을 지적하고 비판하는 데 쓸 시간을 자신이 옳다고 생각하는 일에 쓰자. 마찬가지로 경쟁자, 원수와의 무의미한 다툼과 분쟁에 쓸 시간을 자신이 좋아하는 일에 할애하는 것이 낫다.

계율을 어긴 승려들을 어떻게 해야 하느냐는 제자 아난의 질문에 석가모니는 "내버려 두어라"라고 말했다. 또 석가모니는 제자들에게 불교를 믿지 않는 사람에게 강요하지 말고 집요하게 그들을 설득하지도 말라고 했다. 그들이 믿든 믿지 않든 신경 쓰지 말고 너희가 믿는 것에 집중하고 불법을 널리 알리는 데만 집중하라는 것이다. 경쟁은 분쟁을 만들게 되므로 경쟁하지도 말라고 했다. 자비심과 청정심에서 우러난 인생의 지혜다. 석가모니는 어떤 일, 어떤 사람과도 다투지 않고 오직 자신의 길만 가라고 했다.

티베트의 스승 종사르 켄체 린포체는 이렇게 말했다.

"어떤 의견이 마음에 들지 않는다면 당신이 그와 상반된 의견에 집착하고 있다는 뜻이다. 그 의견의 노예가 되었기 때문에 불편한 것이다. 그렇다면 그곳에서 멀리 떨어져야 한다. 당신의 의견이 옳든 그르든, 누군가의 말에 불편함을 느낀다면 당신은 이미 무너진 것이므로 그곳에서 빠져나와야 한다."

옳고 그름, 성공과 실패 등에 얽매이는 것은 진흙탕에 빠지는 것이다. 그것에 얽매여 있는 동안 당신은 점점 밑으로 가라앉고 자신이 가려고 했던 곳을 잊어버리게 된다. 정신이 들고 나면 한 발짝도 앞으로 나가지 못한 채 진흙탕에 빠져 발버둥질하고 있는 자신을 발견하게 될 것이다. 당신의 생명과 창의력은 이미 시간에 빼앗겨 버린 채 말이다. 원래 당신은 탁 트인 세계에서 자기만의 방향으로 자유롭게 날고 있었지만, 당신의 날개는 이미 속세의 진흙이 뒤범벅되어 버렸다.

진흙탕에 빠져 발버둥질하는 인생은 아무런 의미가 없다. 그곳에서 어떻게 생명이 꽃을 피우겠는가? 일본 무사도의 고전 《하가쿠레》에 나오는 한 구절은 우리에게 좋은 조언이 된다.

"한 줌뿐인 인생, 좋아하는 일을 하며 살아야 한다. 찰나의 꿈 같은 세상에서 마음에 없는 일을 하며 고되게 사는 것만큼 어리석은 일은 없다."

확실한 목표, 죽음도 불사하는 일념, 빠른 결단, 깨끗함, 벚꽃 같은 찬란함. 이 무사도 정신의 핵심이 이 말에 담겨 있다.

성공한 인생도 실패한 인생도 없다.
오직 내가 경험한 인생만 있을 뿐이다.
내가 좋아하는 한 가지 일에 집중하면
그 외에 다른 것은 전혀 중요하지 않다.

누구나
보살의 마음을
품고 있다

석가모니는 《아미타경》에서 중생에게 서방정토에 왕생하기를 발원하라고 반복해서 권했다. 서방정토에 가서 극락의 경지를 누리라는 것이다. 죽은 뒤 연꽃을 통해 극락세계에 간다니 삶의 결말로 이보다 더 완벽한 것이 있을까. 우리도 이것을 인생의 가장 궁극적인 목표로 삼아도 좋을 것 같다.

그런데 잘 모르는 사람들에게는 이 말이 자칫 오해를 일으킬 수도 있다. 반드시 왕생해야만 정토에 갈 수 있는 것으로 말이다. 그렇다면 우리가 지금 죽기 위해 살고 있단 말인가? 그렇다면 빨리 죽어야 극락세계에 빨리 가지 않겠는가? 이렇게 이해한다면 석가모니의 본래 뜻과 거리가 멀다.

첫째, 서방정토에 왕생하기를 발원하라는 말은 정토에 방점이 찍혀 있다. 사람은 모두 죽지만 죽어서 어디로 가는지 확실히 아는 사람은 없다. 어떤 사람은 죽으면 재가 되어 아무것도 남지 않는다고 하고, 어떤 사람은 죽으면 천당이나 지옥에 간다고 말한다. 석가모니는 사람이 죽으면 변화의 기회가 찾아오는데 그때 서방정토에 갈 수 있다고 했다. 그의 이런 생각에서 중요한 것은 우리가 마지막에 가서 의지할 정토가 있다는 점이다. 그 정토가 우리 인생의 목표여야 한다.

죽음은 우리의 목표가 아니고, 생명의 진실한 모습이자 누구나 반드시 겪어야 하는 단계다. 《아미타경》에서는 죽을 때가 다가와도 놀라거나 두려워하지 말라고 했다. 설령 우리가 생의 마지막 순간에 발원하고 후회하더라도 서방정토에 왕생할 기회가 있다. 중요한 것은 어떻게 죽을 것인가가 아니라 어떻게 정토에 갈 것인가에 있다.

둘째, 불교에 친숙한 사람은 서방에만 정토가 있는 것이 아니라 시방세계 모두에 정토가 있다는 것을 알고 있다. 정토는 존재 상태에 대한 석가모니의 가장 높은 이상인 '청정함'과 '온전함'을 의미한다. 아미타불의 서방정토 외에도 미륵정토, 약사유리의 동방정토 등이 있다.

미륵정토는 예전에 중국에서 가장 널리 유행했던 정토다. 당나라 때 시인 백거이는 아미타의 서방정토와 미륵정토를 모두 믿었다. 인순법사는 미륵정토가 인간 세상의 정토를 의미한다고 했다. 미래에 미륵이 다시 태어날 때는 인간 세상이 정토일 것이기 때문이다.

미륵은 인간 세상을 번영하게 하고 안락하게 하고 아름답게 하는 부처다. 그러므로 미륵은 중생을 안락하고 기쁘게 하는 자(慈), 즉, 사랑의 상징이다. 반면 석가모니는 비(悲), 즉, 연민의 상징이며, 속세의 더러움과 고난을 보고 고통을 없애고 중생을 깨우쳐 주는 역할을 한다. 또 미륵이 상징하는 달이 어둠 속의 광명을 의미한다면, 아미타불이 상징하는 태양은 최고의 광명을 의미한다.

미륵정토에는 석가모니의 또 다른 가르침이 내포되어 있다. 인생의 가장 궁극적인 목표가 죽은 뒤 서방정토에 왕생하는 것이지만, 인간 세상의 찰나에 생명이 만들어지기도 하고, 찰나에 정토에 닿을 수도 있다. 다시 말해, 우리가 왕생하기 위해 선근과 공덕을 쌓는 과정이 사실은 인간 세상의 정토를 만드는 과정인 셈이다.

셋째, 아미타불이 정토에 닿은 것은 서방정토에 왕생하기를 발원한 결과가 아니라, 중생을 위해 48대원을 세우고 중생이 사후에 극락세계에 왕생하도록 돕겠다고 맹세한 결과임에 주목해야 한다. 우리의 진정한 목표는 정토지만, 이 목표를 실현하는 것은 역시 보살행(菩薩行, 보살이 되기 위해 닦는 수행)이다.

누구나 아집을 완전히 버리고 중생을 제도하는 일에만 몰두한다면 몸이 어디에 있든 정토에 있는 것이다. "중생이 곧 정토다", "마음이 청정하면 국토가 청정하다" 같은 말도 이런 관념에서 나온 것이다. 인간 세상은 곳곳이 혼란스럽고 더럽지만, 마음이 깨끗하거나 보살의 마음을 가졌거나 보살의 수행을 행한다면, 어디에 있든 그곳이 바로 정토다. 그런 의미에서 보면 정토는 곧 우리 마음속에 우뚝 선 봉우리다. 우리 마음속에 이 봉우리가 있기만 하면 영원히 길을 잃지 않을 수 있다.

인간 세상은 곳곳이 혼란스럽고 더럽지만,
마음이 깨끗하거나 보살의 마음을 가졌거나
보살의 수행을 행한다면,
어디에 있든 그곳이 바로 정토다.

고통에서 벗어나
행복을 얻고,
생사를 두려워하지 말라

석가모니는 《아미타경》에서 사리불에게 "여기서 서쪽으로 십만억 삼천대세계를 지나면 극락이라는 곳이 있는데, 그곳에 아미타불이라는 부처님께서 지금도 설법하고 계시느니라"라고 했다. 그런데 《약사유리광여래본원공덕경(藥師琉璃光如來本願功德經)》에서도 문수사리에게 "여기서 동쪽으로 항하 열 개의 모래만큼 많은 수의 세계를 지나면 정유리라는 곳이 있는데 약사유리광여래가 그곳에서 설법을 하고 계시느니라"라고 했다.

태양이 서쪽으로 지는 것은 생명의 끝을 의미하고, 생명이 끝나면 우리는 서방 극락세계에 왕생할 수 있다. 또 태양이 동쪽에서 떠오르는 것은 생명의 시작을 의미하고, 생명이 시작되면 우리는 청정한 국토를 창조할 수 있다.

아미타불이 48가지 큰 서원을 세운 것은 전적으로 중생이 사후에 서방 극락세계에 갈 수 있도록 하기 위함이었고, 약사유리광여래가 12가지 큰 서원을 세운 것은 전적으로 중생이 속세에서 행복한 생활을 할 수 있게 하기 위함이었다. 다음은 약사유리광여래의 12서원이다.

서원 1 : 바라옵건대 미래에 제가 부처가 되었을 때, 제 몸이 광명의 횃불이 되어 활활 타올라 무량한 세계를 비춤으로써 모든 중생이 부처처럼 아름답고 장엄한 모습을 갖고, 32상과 80가지 수형호를 갖게 하소서.

서원 2 : 바라옵건대 미래에 제가 부처가 되었을 때, 제 몸이 깨끗한 유리처럼 안팎이 투명하고 티 없이 순결하며, 광명이 널리 비추고 공덕이 우뚝 솟고 몸이 묘하게 훌륭하며, 청정한 가운데 안주하여 해와 달보다 더 찬란하고 장엄한 빛이 나오게 하소서. 그리하여 몽매한 중생도 제 광명을 보고 어두운 마음이 열려 자기 마음대로 온갖 일을 이룰 수 있게 하소서.

서원 3 : 바라옵건대 미래에 제가 부처가 되었을 때, 무한한 지혜 방편으로 무궁한 부를 창조하여 세상의 모든 중생이 써도 부족함이 없게 하소서.

서원 4 : 바라옵건대 미래에 제가 부처가 되었을 때, 모든 중생이 보살도와 대승의 위대한 법문에 들어가게 하소서.

서원 5 : 바라옵건대 미래에 제가 부처가 되었을 때, 모든 중생이 제 바른 가르침 안에서 청정하게 수행하고 계행을 온전히 행하게 하며, 대승보살이 지녀야 하는 삼취계(三聚戒)를 모두 갖추게 하소서. 누군가 금계를 범하더라도, 제 명호를 들으면 청정함을 되찾고 다시 삼악도에 빠지지 않게 하소서.

서원 6 : 바라옵건대 미래에 제가 부처가 되었을 때, 많은 중생의 몸이 불구가 되거나 몸 안 장기에 문제가 있어 얼굴이 추악하거나 어리석거나 귀가 들리지 않거나 말을 하지 못하거나 다리를 절거나 등이 굽거나 문둥병에 걸리거나 실성했거나, 아니면 온갖 병에 시달리더라도 제 명호를 들으면 곧바로 단정한 모습과 맑은 지혜를 얻고 모든 병이 나아 고통이 사라지게 하소서.

서원 7 : 바라옵건대 미래에 제가 부처가 되었을 때, 중생이 병고에 시달리는데 아무도 구해 주지 않고 병을 고칠 약이 없으며 돌봐줄 가족이 없더라도, 그들이 제 명호를 들으면 모든 병이 사라지고 심신이 안락하고 생활이 풍족해지며, 나아가 그들도 부처가 될 수 있게 하소서.

서원 8 : 바라옵건대 미래에 제가 부처가 되었을 때, 만약 어떤 여인이 여자 몸의 고통에 시달려 여자로 태어난 것을 싫어한다면, 그 여인이 제 명호를 듣고 여자의 몸에서 남자의 몸이 되고 대승보살의 대장부상을 갖추며, 나아가 부처가 될 수 있게 하소서.

서원 9 : 바라옵건대 미래에 제가 부처가 되었을 때, 모든 중생이 악마의 그물에서 벗어나고, 온갖 삿된 견해의 무리들에 시달림을 당하지 않으며, 설령 누군가 삿된 견해의 난관에 빠졌더라도, 제 방편력으로 인해 그들을 인도하고 보호하여 그들이 정견에 안주하고 천천히 사섭육도(四攝六度)의 여러 보살행을 배움으로써 서둘러 부처가 되길 구하게 하소서.

서원 10 : 바라옵건대 미래에 제가 부처가 되었을 때, 국법을 어긴 중생이 감옥에 갇혀 채찍질로 극형을 당하거나 형벌과 죽임을 당하더라도, 또는 무한한 재난과 능욕, 심신의 고통에 시달리더라도, 제 명호를 들으면 제 복덕과 위력으로 그들이 모든 슬픔과 고통에서 해탈하게 하소서.

서원 11 : 바라옵건대 미래에 제가 부처가 되었을 때, 어떤 중생이 굶주림에 시달려 먹을 것을 구하려고 악업을 짓다가도 제 명호를 듣고 오롯한 마음으로 제 명호를 부르고 제 법을 받들어 행한다면, 제가 그들에게 좋은 음식을 배불리 먹게 하고, 또 그들에게 정법의 즐거움을 베풀어 그들이 안락해지도록 하소서.

서원 12 : 바라옵건대 미래에 제가 부처가 되었을 때, 어떤 중생의 생활이 곤궁하여 옷이 없거나 모기, 개미 따위에 시달리거나 밤낮으로 번뇌가 많더라도, 제 명호를 듣고 오롯한 마음으로 제 명호를 부르고 제 법을 받들어 행한다면 제가 그들이 원하는 대로 좋은 의복과 보배로 만든 장식품, 꽃, 향료, 가무 등을 주어 그들이 바라는 바가 모두 충족되게 하소서.

"바라옵건대 미래에 제가 부처가 되었을 때,
무한한 지혜 방편으로 무궁한 부를 창조하여
세상의 모든 중생이 써도 부족함이 없게 하소서."

천국으로
가는
계단

약사유리여래의 12대원을 읽고 아미타불의 48대원을 다시 읽어 보면, 석가모니가 말한 정토가 왕생한 뒤 서방에서만 갈 수 있는 곳이 아니라 인간 세상에서 만들 수도 있는 곳임을 알 수 있다. 석가모니는 아미타불을 통해 중생이 죽은 뒤 삼악도의 윤회에 떨어지지 말고 서방정토에 가도록 인도하고자 했고, 약사유리광여래를 통해서는 인간이 속세에서 정토를 만들 수도 있다는 믿음을 전했다. 그러므로 살아 있을 때든 죽은 뒤에든 인생의 완성은 우리가 정토의 경지에 도달할 수 있느냐에 달려 있다.

우리 눈으로 볼 수 있는 세계와 사회는 모든 사람의 노력을 통해 조화롭고 아름다워질 수 있고, 우리 눈으로 볼 수 있는 정부, 도시, 향촌, 산천 등등은 우리 모두의 노력을 통해 더 아름다워질 수 있다. 누구나 아름다운 겉모습과 생각을 가지고 있고, 모든 사회에 아름다운 풍경이 있으며, 모든 인류가 아름다운 생활을 영위하고 있다. 설령 우리 눈에 보이는 사회를 하루아침에 바꾸는 것은 불가능하더라도 우리 자신이 스스로 변화하는 것은 가능하다. 누구나 수행을 통해 자기만의 정토를 만들 수 있다. 사회가 아무리 혼탁해도 자기 자신을 바꾸고 스스로 만든 정토 안에서 살 수 있다.

어떻게 해야 정토에 도달할 수 있을까? 미국 영화 《콜드마운틴》에 인디언의 전설 얘기가 나온다. 콜드마운틴에 천국으로 통하는 신비한 통로가 있었는데 그 통로를 통과하려면 한 가지 전제 조건이 있었다. 살생하겠다는 마음을 버리고 7일 동안 금식하며 심신을 정결하게 해야 한다는 것. 옛날 인디언들이 이 통로를 통과할 뻔했지만 두 사람이 금식에 실패하는 바람에 통로가 사라지고 말았다.

이상적인 세계는 확실히 존재한다. 정토도 분명히 존재한다. 인류가 서로 싸우지 않고 탐욕을 버린다면 인류는 금세 천국 같은 정토에 들어갈 수 있다. 불교에서 반복적으로 하는 말이 있다. 모든 것은 자기 스스로 심신을 청정하게 할 수 있느냐에 달려 있다는 것이다. 자기 마음을 청정하게 하는 것이 가장 근본이다. 어떻게 해야 몸과 마음을 청정하게 할 수 있을까? 보현보살의 열 가지 큰 서원에서 그 해답의 실마리를 얻을 수 있을 것이다.

첫째, 중생의 번뇌가 다 사라지지 않는 한 모든 부처에 대한 예배와 공경을 멈추지 않겠습니다.

둘째, 청정한 신(身), 구(口), 의(意)로 부처님의 공덕을 찬양하기를 한순간도 멈추지 않고 영원히 지치지 않겠습니다.

셋째, 가장 아름다운 것을 부처님께 영원히 공양하겠습니다. 특히 법공양을 중히 여기어 중생을 이롭고 기쁘게 함으로써 공양하고, 중생을 도움으로써 공양하며, 중생의 고통을 대신 받음으로써 공양하고, 선근과 공덕을 부지런히 닦음으로써 공양하며, 보살행을 닦음으로써 공양하고, 보리심을 지킴으로써 공양하겠습니다.

넷째, 제 무수히 많은 과거에 탐욕, 성냄, 어리석음의 세 가지 무명(無明)이 있었고, 신, 구, 의 세 가지 악업을 지었습니다. 청정한 신, 구, 의로써 진실로 참회할 것입니다. 이 허공 세계가 사라지지 않는 한, 무명과 번뇌에 다함이 없는 한, 영원히 쉬지 않고 참회할 것입니다.

다섯째, 세상 모든 부처님은 보리심을 발하는 순간부터 복덕을 쌓으시고 끊임없이 베푸시며 지혜의 경지에 들어 불도를 이루셨습니다. 모든 부처님의 모든 공덕을 따르며 기뻐하겠습니다. 시방세계 모든 불토의 온갖 공덕을 따르며 기뻐하겠습니다. 아무리 티끌만큼 작은 것이라도 마땅히 따르며 기뻐하겠습니다. 성문이든 벽지불(辟支佛, 스스로 깨달은 자)이든 대승 보살이든 그들이 지은 공덕이 크든 작든 모두 따르며 기뻐하겠습니다.

여섯째, 청정한 신, 구, 의로 부처님께 예배하고 공경하는 한편, 중생을 위해 불법을 설해 주실 것을 여러 방법으로 부처님께 청하겠습니다. 허공 세계가 사라지지 않고 중생의 세계가 사라지지 않으며, 중생의 혹업(惑業, 사물의 이치를 몰라 의혹에 빠지고 그로 인해 짓게 되는 업)과 무명 번뇌에 영원히 다함이 없다 해도 부처님께 설법을 계속 청할 것입니다.

일곱째, 모든 부처님께서 무한한 불토에서 티끌처럼 헤아릴 수 없이 긴 억겁 동안 열반에 드시지 않고 오래 머물러 계시며 중생을 이롭고 기쁘게 하시기를 영원히 청하겠습니다. 허공 세계가 사라지지 않고, 중생의 세계가 사라지지 않으며, 중생의 혹업과 무명 번뇌에 영원히 다함이 없다 해도 저는 계속 노력할 것입니다.

여덟째, 사바세계의 교주 비로자나불(毘盧遮那佛)은 보리심을 발한 후 계속 용맹스럽게 정진했으며, 불법을 널리 알리기 위해 몸과 생명도 다 버렸습니다. 하물며 왕위, 성, 마을, 궁전, 정원 등 다른 모든 것은 더 말할 것도 없습니다. 이를 제 마음에 깊이 새기며 영원히 따를 것입니다. 허공 세계가 사라지고, 중생 세계가 사라지고, 중생의 혹업과 무명 번뇌가 다할 때까지, 설령 이것들이 모두 사라진다 해도 계속 노력할 것입니다.

아홉째, 무수히 많은 중생의 바람을 보살펴 따르고 그들에게 공양할 것입니다. 병고에 시달리고 있는 모든 중생을 위해 그들을 치료하는 의사가 될 것이고, 길을 잃고 헤매는 중생을 위해 그들의 길을 밝혀 주는 등불이 될 것이며, 길고 긴 밤 중생을 위한 횃불이 될 것이고, 가난의 고통을 받는 중생이 보배 창고를 얻게 할 것입니다.

열째, 이 아홉 가지를 통해 얻은 공덕을 모든 법계의 모든 중생에게 아낌없이 돌려줄 것입니다. 제 유일한 바람은 중생이 고통에서 벗어나 기뻐하는 것입니다. 그들이 나쁜 생각을 품었다고 해도 결국에는 나쁜 일을 할 수 없고, 선한 생각을 가졌다면 즉시 선업을 쌓기를 바랍니다. 삼악도로 통하는 모든 문이 그들에게 닫히기를 바라며, 삼선도(三善道, 선업을 쌓은 중생이 가는 곳. 아수라, 인간, 천상)로 통하는 문이 그들에게 활짝 열려 그들이 부처가 되는 길로 들어서길 바랍니다. 허공 세계가 사라지고, 중생 세계가 사라지고, 중생의 혹업과 무명 번뇌가 다한다 해도 저는 쉬지 않고 계속 회향할 것입니다.

누구나 수행을 통해 자기만의 정토를 만들 수 있다.
사회가 아무리 혼탁해도 자기 자신을 바꾸고
스스로 만든 정토 안에서 살 수 있다.

부록

———

우리말
아미타경 전문

나는 부처님께서 이렇게 말씀하시는 것을 들었다.

그때 부처님께서 사위국의 기수급고독원에서 1,250명의 대비
구승과 함께 계셨는데 모두 널리 알려진 대아라한들이었다. 장
로사리불, 마하목건련, 마하가섭, 마하가전연, 마하구치라, 이바
다, 주리반타가, 난타, 아난타, 라후라, 교범바제, 빈두로파라타,
가류타이, 마하겁빈나, 박구라, 아루루타 등과 같은 대제자들과
문수사리 법왕자, 아일다보살, 건타하제보살, 상정진보살과 같
은 모든 대보살들, 석제환인 등과 무수히 많은 천신들이었다.

그때 부처님께서 장로 사리불에게 말씀하셨다.

여기서 서쪽으로 십만억 삼천대세계를 지나면 극락이라는 곳
이 있는데, 그곳에 아미타불이라는 부처님께서 지금도 설법하
고 계시느니라. 사리불아, 그 세계를 어찌하여 극락이라고 부르
는지 아느냐? 그 세계의 중생은 우리 이 세계의 사람들처럼 수
많은 번뇌를 겪지 않고 오로지 불국토의 온갖 즐거움만 누리기
때문이다. 그러므로 극락이라고 하느니라. 또 사리불아, 이 서
방 극락세계는 일곱 겹으로 된 보배 난간과 일곱 겹으로 된 보
배 그물과 일곱 겹으로 줄지어 선 보배 나무로 사방이 둘러싸여
몹시 아름답다. 그러므로 극락이라고 하느니라.

또 사리불아, 서방 극락세계에는 일곱 가지 보물로 쌓은 연못이 있고 그 안에 깨끗하고 투명하며, 달고 부드럽고, 매끄럽고 고요하며, 마음대로 줄어들기도 하고 불어나기도 하는 신비한 물이 가득 차 있다. 연못 바닥에는 금모래가 깔려 있고, 연못가의 계단은 금, 은, 유리, 수정으로 만들었으며, 그 위에 누각이 많이 있는데 역시 금, 은, 유리, 수정, 조개껍데기, 붉은 구슬, 마노로 꾸며져 있느니라. 연못 속에 연꽃이 피어 있는데, 수레바퀴만큼 크고, 푸른 연꽃에서는 푸른 빛이 나고, 노란 연꽃에서는 노란 빛이 나며, 붉은 연꽃에서는 붉은 빛이 나고, 하얀 연꽃에서는 하얀 빛이 나며, 맑고 오묘한 향기가 나느니라. 사리불아, 서방 극락세계는 이처럼 아름다우며 이 모든 것이 아미타불의 거대한 서원으로 만들어졌느니라.

또 사리불아! 아름다운 음악이 아미타불의 극락세계를 항상 맴돌고, 모든 극락세계의 국토는 황금으로 되어 있으며, 밤낮을 가리지 않고 하늘에서 만다라 꽃비가 내리느니라. 서방 극락세계의 중생은 새벽마다 갖가지 아름다운 꽃을 소매에 담아다가 다른 세계에 계신 십만억 부처님께 공양하느니라. 아주 멀고 먼 곳이지만 아침밥을 먹기 전에 극락세계로 돌아오고, 이때 그들 앞에 저절로 밥이 차려져 있느니라. 사리불아, 서방 극락세계는 이처럼 아름다우며 이 모든 것이 아미타불의 거대한 서원으로 만들어졌느니라.

또 사리불아, 서방 극락세계에는 항상 가지각색의 온갖 기묘한 새들이 있는데, 고니, 공작, 앵무, 사리조, 가릉빈가, 공명조 같은 여러 새들이 밤낮을 가리지 않고 시시때때로 아름답고 우아한 소리를 내느니라. 그 소리로 5근, 5력, 7보리분, 8성도분과 같은 불법들을 즐겁게 연설하므로, 서방 극락세계의 중생이 이 소리를 듣고서 모두 온 마음을 다해 불, 법, 승 삼보를 생각하느니라. 사리불아, 이 새들이 전생에 사람이었을 때 죄업을 지어 육도윤회의 응보에 따라 축생으로 태어났다고 생각하지 말라. 어째서 그렇겠느냐? 아미타불의 극락세계에는 축생, 아귀, 지옥의 삼악도가 없기 때문이니라. 사리불아, 악도와 비슷한 말조차 없거늘 하물며 실제로 악도가 있을 수 있겠느냐? 그 새들은 모두 아미타불이 불법을 널리 알리기 위해 모습을 바꿔 나타나신 것이니라. 사리불아, 아미타불의 극락세계에 미풍이 불어서 보배 나무들과 보배 그물들을 흔들어 미묘한 소리를 내는데, 마치 수천 가지 음악을 동시에 연주하는 것 같으니라. 사람들이 그 소리를 들으면 모두가 불, 법, 승 삼보를 생각해야겠다는 마음이 저절로 우러나느니라. 사리불아, 서방 극락세계는 이처럼 아

름다우며 이 모든 것이 아미타불의 거대한 서원으로 만들어졌
느니라.

사리불아, 너는 아미타불을 어떻게 생각하느냐? 그 부처님
을 왜 아미타불이라고 부르겠느냐? 사리불아, 아미타불이 무한
한 광명을 가지고 시방세계를 두루 비추어도 모든 것을 꿰뚫으
시므로 아미타불을 무량광불이라고도 부르느니라. 또 사리불
아, 아미타불의 수명이 무한히 길다. 아미타불의 수명뿐만 아니
라 극락세계에 살고 있는 사람들의 수명도 한없이 길다. 그러므
로 아미타불을 무량수불이라고도 부르느니라. 사리불아, 아미
타불께서 성불하신 후 지금까지 십겁이 지났느니라. 또 사리불
아, 아미타불께 끝없는 성문 제자들이 있는데 그들이 모두 깨달
음으로 아라한에 오른 현자들이니라. 그 제자들이 헤아릴 수 없
이 많고, 보살들도 역시 이와 같이 많으니라. 사리불아, 서방 극
락세계는 이처럼 아름다우며 이 모든 것이 아미타불의 거대한
서원으로 만들어졌느니라.

또 사리불아, 수행이 불퇴전의 경지에 이른 아비발치만이 서
방 극락세계의 중생으로 태어날 수 있느니라. 우리 중에 한 번
생만 살고 부처가 될 수 있는 사람이 많으므로 그들이 후보로

서 부처의 자리로 들어갈 것이다. 이 부처가 될 후보들이 끝없이 헤아릴 수 없이 많으니라. 사리불아, 서방 극락세계가 이토록 아름다움을 모두 알고 있으니 마땅히 서방 극락세계에 왕생하기를 서원해야 할 것이니라. 왜 서방 극락세계에 왕생할 것을 서원해야 하겠느냐? 서방 극락세계에 왕생하면 위에서 말한 부처가 된 선인들과 함께 살 수 있기 때문이니라.

사리불아, 서방 극락세계에 왕생하려면 인연이 있어야 하느니라. 어떤 인연이겠느냐? 보리심을 발하고 계율을 지키며 참선하고, 불법을 실천한 사람만이 서방 극락세계에 왕생할 수 있느니라. 사리불아, 만일 어떤 선남자나 선여인이 아미타불의 명호를 듣고 그 명호를 마음에 굳게 지니며 하루, 이틀, 사흘, 나흘, 닷새, 엿새, 이레 동안 잡념 없이 염하여 아미타불에게 온 마음을 다해 귀의한다면, 그가 임종할 때에 아미타불이 극락세계의 여러 성중과 함께 그 앞에 나타날 것이다. 이때 만약 그 사람이 평소에 염불할 때처럼 평온한 마음이 흐트러지지 않는다면 극락세계에 왕생할 수 있을 것이니라. 사리불아, 나는 이런 염불 법문이 매우 간단하고 효과적이기 때문에 이렇게 말하는 것이니라. 만일 누가 이 말을 듣는다면 마땅히 임종 후에 극락세계에 왕생하기를 발원해야 하느니라.

사리불아, 나처럼 아미타불을 찬탄하고, 그의 불가사의하고 말로 표현할 수 없는 공덕과 성과를 찬탄해야 하느니라. 우리 세계의 동방에도 무궁한 세계가 있다. 아촉비불, 수미상불, 대수미불, 수미광불, 묘음불 등 항하의 모래처럼 많은 부처님이 그곳에서 각자의 세계를 갖고, 넓고 긴 혀, 즉, 삼천대천세계를 두루 덮는 넓고 긴 혀를 뻗어 부처님께서 말씀하신 이치가 진실하며 허망하지 않음을 증명하고 있느니라. 동방 세계의 모든 부처님이 중생에게 '불가사의한 공덕을 칭찬하는 모든 부처님께서 호념하시는 이 경을 믿어야 한다'고 하시느니라.

사리불아, 우리 세계의 남방에도 무한한 세계가 있느니라. 일월등불, 명문광불, 대염견불, 수미등불, 무량정진불 등 항하의 모래처럼 많은 부처님께서 각기 그 국토에서 넓고 긴 혀, 즉, 삼천대천세계를 두루 덮는 넓고 긴 혀를 뻗어 부처님께서 말씀하신 이치가 진실하며 허망하지 않음을 증명하고 있느니라. 동방 세계의 모든 부처님들이 중생에게 '불가사의한 공덕을 칭찬하는 모든 부처님께서 호념하시는 이 경을 믿어야 한다'고 하시느니라.

사리불아, 우리 세계의 서방에도 무한한 세계가 있느니라. 무량수불, 무량상불, 무량당불, 대광불, 대명불, 보상불, 정광불 등 항하의 모래처럼 많은 부처님께서 각기 그 국토에서 넓고 긴 혀, 즉, 삼천대천세계를 두루 덮는 넓고 긴 혀를 뻗어 부처님께서 말씀하신 이치가 진실하며 허망하지 않음을 증명하고 있느니라. 동방 세계의 모든 부처님이 중생에게 '불가사의한 공덕을 칭찬하는 모든 부처님께서 호념하시는 이 경을 믿어야 한다'고 하시느니라.

사리불아, 우리 세계의 북방에도 무한한 세계가 있느니라. 염견불, 최승음불, 난저불, 일생불, 망명불 등 항하의 모래처럼 많은 부처님께서 각기 그 국토에서 넓고 긴 혀, 즉, 삼천대천세계를 두루 덮는 넓고 긴 혀를 뻗어 부처님께서 말씀하신 이치가 진실하며 허망하지 않음을 증명하고 있느니라. 동방 세계의 모든 부처님이 중생에게 '불가사의한 공덕을 칭찬하는 모든 부처님께서 호념하시는 이 경을 믿어야 한다'고 하시느니라.

사리불아, 우리 세계의 하방에도 사자불, 명문불, 명광불, 달마불, 법당불, 지법불 등 항하의 모래처럼 많은 부처님께서 각기 그 국토에서 넓고 긴 혀, 즉, 삼천대천세계를 두루 덮는 넓고 긴 혀를 뻗어 부처님께서 말씀하신 이치가 진실하며 허망하지 않음을 증명하고 있느니라. 동방 세계의 모든 부처님이 중생에게 '불가사의한 공덕을 칭찬하는 모든 부처님께서 호념하시는 이 경을 믿어야 한다'고 하시느니라.

사리불아, 우리 세계의 상방에도 범음불, 숙왕불, 향상불, 향광불, 대염견불, 잡색보화엄신불, 바라수왕불, 보화덕불, 견일체의불, 여수미산불 등 항하의 모래처럼 많은 부처님께서 각기 그 국토에서 넓고 긴 혀, 즉, 삼천대천세계를 두루 덮는 넓고 긴 혀를 뻗어 부처님께서 말씀하신 이치가 진실하며 허망하지 않음을 증명하고 있느니라. 동방 세계의 모든 부처님이 중생에게 '불가사의한 공덕을 칭찬하는 모든 부처님께서 호념하시는 이 경을 믿어야 한다'고 하시느니라.

사리불아, 어찌하여 이 경을 '모든 부처님께서 호념하시는 경'이라고 하였겠느냐? 사리불아, 만일 어떤 선남자나 선여인이 이 경을 듣고 받아들여 염불하고 부처님의 명호를 듣는다면, 이 선남자나 선여인은 모든 부처님께서 호념하시므로 모두 무상정등정각에서 물러서지 않을 수 있다. 그러므로 사리불아, 너희들은 모두 나의 말과 모든 부처님께서 하신 말씀을 받아 믿어야 하느니라.

사리불아, 만일 어떤 사람들이 이미 서원을 발하였거나 지금 서원을 발하거나 앞으로 서원을 발하여 서방 극락세계에 왕생하기를 바란다면, 이 사람들은 모두 무상정등정각의 경지에서 물러서지 않게 될 것이니라. 과거에 서원을 발했으면 과거에 왕생할 수 있고, 지금 서원을 발하면 지금 왕생할 수 있고, 미래에 서원을 발한다면 미래에 왕생할 수 있을 것이니라. 그러므로 사리불아, 선남자나 선여인이 극락세계가 있다고 믿는다면 마땅히 그곳에 왕생하기를 발원해야 할 것이니라.

사리불아, 내가 지금 모든 부처님의 불가사의한 공덕을 칭찬한 것처럼, 시방세계의 모든 부처님도 나의 불가사의한 공덕을 칭찬하시느니라. 모든 부처님이 나를 칭찬하여 말씀하기를, '석가모니 부처께서는 다른 부처님이 하기 힘든 일을 하실 수 있느니라. 석가모니 부처님만이 고난으로 가득 찬 현실 세계, 그 재난이 끊이지 않고, 삿된 의견으로 가득 차 있으며, 번뇌가 많고, 중생이 계율을 어기고, 사람의 수명이 짧은 세계에서 무상정등정각의 지혜를 얻으실 수 있느니라. 석가모니 부처님이 그 세계의 중생에게 서방 극락세계에 왕생하는, 믿기 힘든 방법을 말씀하셨는데, 이는 몹시 어려운 일이니라.'

부처님께서 이 경의 설법을 이렇게 마치시자, 사리불과 모든 비구들, 육도의 천, 인, 아수라 등 모든 중생이 석가모니의 이 말씀을 듣고 기뻐하며 믿고 외워서 염한 뒤 부처님께 예를 올리고 돌아갔다.

모든 업장을 소멸하고 정토에 왕생하게 하는 왕생정토주(3회)

나무아미다바야 다타가다야 다디야타 아미리 도바비 아미리다 싯담바비 아미리다 비가란제 아미리다 비가란다 가미니 가 가야 깃다가례 사바하

如是我聞：
一時, 佛在舍衛國祇樹給孤獨園, 與大比丘僧千二百五十人俱, 皆是大阿羅漢, 衆所知識. 長老舍利弗, 摩訶目乾連, 摩訶迦葉, 摩訶迦栴延, 摩訶拘絺羅, 離婆多, 周梨槃陀迦, 難陀, 阿難陀, 羅睺羅, 憍梵波提, 賓頭盧頗羅墮, 迦留陀夷, 摩訶劫賓那, 薄俱羅, 阿㝹樓馱, 如是等諸大弟子, 并諸菩薩摩訶薩--文殊師利法王子, 阿逸多菩薩, 乾陀訶提菩薩, 常精進菩薩--與如是等諸大菩薩. 及釋提桓因等, 無量諸天大衆俱.

爾時, 佛告長老舍利弗:

從是西方過十萬億佛土, 有世界名曰極樂. 其土有佛, 號阿彌陀, 今現在說法. 舍利弗! 彼土何故名為極樂? 其國衆生無有衆苦, 但受諸樂, 故名極樂. 又舍利弗! 極樂國土, 七重欄楯, 七重羅網, 七重行樹, 皆是四寶周匝圍繞, 是故彼國名曰極樂.

又舍利弗! 極樂國土有七寶池, 八功德水充滿其中, 池底純以金沙布地. 四邊階道, 金, 銀, 琉璃, 頗梨合成, 上有樓閣, 亦以金, 銀, 琉璃, 頗梨, 車渠, 赤珠, 馬瑙而嚴飾之. 池中蓮花, 大如車輪, 青色青光, 黃色黃光, 赤色赤光, 白色白光, 微妙香潔. 舍利弗! 極樂國土成就如是功德莊嚴.

又舍利弗! 彼佛國土, 常作天樂, 黃金為地, 晝夜六時, 天雨曼陀羅華. 其國衆生, 常以清旦, 各以衣祴盛衆妙華, 供養他方十萬億佛, 即以食時, 還到本國, 飯食經行. 舍利弗! 極樂國土成就如是功德莊嚴.

復次舍利弗! 彼國常有種種奇妙雜色之鳥--白鵠, 孔雀, 鸚鵡, 舍利, 迦陵頻伽, 共命之鳥. 是諸衆鳥, 晝夜六時出和雅音, 其音演暢五根, 五力, 七菩提分, 八聖道分如是等法. 其土衆生

聞是音已, 皆悉念佛, 念法, 念僧. 舍利弗! 汝勿謂此鳥實是罪
報所生. 所以者何? 彼佛國土無三惡趣. 舍利弗! 其佛國土尚
無三惡道之名, 何況有實? 是諸衆鳥, 皆是阿彌陀佛欲令法音
宣流, 變化所作. 舍利弗! 彼佛國土微風吹動, 諸寶行樹及寶羅
網出微妙音, 譬如百千種樂同時俱作, 聞是音者, 皆自然生念
佛, 念法, 念僧之心. 舍利弗! 其佛國土成就如是功德莊嚴.

　舍利弗! 於汝意云何? 彼佛何故號阿彌陀? 舍利弗! 彼佛光
明無量, 照十方國無所障礙, 是故號為阿彌陀. 又舍利弗! 彼佛
壽命及其人民, 無量無邊阿僧祇劫, 故名阿彌陀. 舍利弗! 阿彌
陀佛成佛已來, 於今十劫. 又舍利弗! 彼佛有無量無邊聲聞弟
子, 皆阿羅漢, 非是算數之所能知, 諸菩薩, 亦復如是. 舍利弗!
彼佛國土成就如是功德莊嚴.

　又舍利弗! 極樂國土衆生生者, 皆是阿鞞跋致. 其中多有一
生補處, 其數甚多, 非是算數所能知之, 但可以無量無邊阿僧
祇劫說. 舍利弗! 衆生聞者, 應當發願, 願生彼國. 所以者何?
得與如是諸上善人俱會一處.

　舍利弗! 不可以少善根福德因緣得生彼國. 舍利弗! 若有善

男子, 善女人, 聞說阿彌陀佛, 執持名號, 若一日, 若二日, 若三日, 若四日, 若五日, 若六日, 若七日, 一心不亂. 其人臨命終時, 阿彌陀佛與諸聖衆, 現在其前. 是人終時, 心不顛倒, 即得往生阿彌陀佛極樂國土. 舍利弗! 我見是利, 故說此言. 若有衆生聞是說者, 應當發願生彼國土.

舍利弗! 如我今者, 讚歎阿彌陀佛不可思議功德, 東方亦有阿閦鞞佛, 須彌相佛, 大須彌佛, 須彌光佛, 妙音佛, 如是等恒河沙數諸佛, 各於其國出廣長舌相, 遍覆三千大千世界, 說誠實言:『汝等衆生, 當信是稱讚不可思議功德一切諸佛所護念經.』

舍利弗! 南方世界有日月燈佛, 名聞光佛, 大焰肩佛, 須彌燈佛, 無量精進佛, 如是等恒河沙數諸佛, 各於其國出廣長舌相, 遍覆三千大千世界, 說誠實言:『汝等衆生, 當信是稱讚不可思議功德一切諸佛所護念經.』

舍利弗! 西方世界有無量壽佛, 無量相佛, 無量幢佛, 大光佛, 大明佛, 寶相佛, 淨光佛, 如是等恒河沙數諸佛, 各於其國出廣長舌相, 遍覆三千大千世界, 說誠實言:『汝等衆生, 當信是稱讚不可思議功德一切諸佛所護念經。』

舍利弗! 北方世界有焰肩佛, 最勝音佛, 難沮佛, 日生佛, 網
明佛, 如是等恒河沙數諸佛, 各於其國出廣長舌相, 遍覆三千
大千世界, 說誠實言:『汝等眾生, 當信是稱讚不可思議功德一
切諸佛所護念經.』

舍利弗! 下方世界有師子佛, 名聞佛, 名光佛, 達摩佛, 法幢
佛, 持法佛, 如是等恒河沙數諸佛, 各於其國出廣長舌相, 遍覆
三千大千世界, 說誠實言:『汝等眾生, 當信是稱讚不可思議功
德一切諸佛所護念經.』

舍利弗! 上方世界有梵音佛, 宿王佛, 香上佛, 香光佛, 大焰
肩佛, 雜色寶華嚴身佛, 娑羅樹王佛, 寶華德佛, 見一切義佛,
如須彌山佛, 如是等恒河沙數諸佛, 各於其國出廣長舌相, 遍
覆三千大千世界, 說誠實言:『汝等眾生, 當信是稱讚不可思議
功德一切諸佛所護念經.』

舍利弗! 於汝意云何? 何故名為『一切諸佛所護念經』? 舍利
弗! 若有善男子, 善女人, 聞是經受持者, 及聞諸佛名者, 是諸

善男子, 善女人, 皆為一切諸佛共所護念, 皆得不退轉於阿耨
多羅三藐三菩提. 是故舍利弗! 汝等皆當信受我語及諸佛所
說.

舍利弗! 若有人已發願, 今發願, 當發願, 欲生阿彌陀佛國者,
是諸人等, 皆得不退轉於阿耨多羅三藐三菩提, 於彼國土若已
生, 若今生, 若當生. 是故舍利弗! 諸善男子, 善女人若有信者,
應當發願生彼國土.

舍利弗! 如我今者, 稱讚諸佛不可思議功德, 彼諸佛等, 亦稱
說我不可思議功德, 而作是言：『釋迦牟尼佛能為甚難希有之
事, 能於娑婆國土五濁惡世, 劫濁, 見濁, 煩惱濁, 眾生濁, 命
濁中, 得阿耨多羅三藐三菩提, 為諸眾生說是一切世間難信之
法.舍利弗! 當知我於五濁惡世行此難事, 得阿耨多羅三藐三菩
提, 為一切世間說此難信之法, 是為甚難!』

佛說此經已, 舍利弗及諸比丘, 一切世間天, 人, 阿修羅等,
聞佛所說, 歡喜信受, 作禮而去.

拔一切業障根本得生淨土陀羅尼(即往生咒)

南無阿彌哆婆夜 多佗伽哆夜 哆地夜佗 阿彌唎 嘟婆毘 阿彌唎哆 悉躭婆毘 阿彌唎哆 毘迦蘭帝 阿彌唎哆 毘迦蘭哆 伽彌膩 伽伽耶 枳多迦隷 娑婆訶

초조 불안 걱정을 단숨에 사라지게 하는 부처의 지혜

나무아미타불 마음수업

인쇄일 2026년 4월 17일
발행일 2026년 4월 27일

지은이 페이융
옮긴이 허유영
펴낸이 유경민 노종한
기획마케팅 우현권 전예원 김민선 이충원
디자인 남다희 허정수
기획관리 차은영
펴낸곳 향기책방
출판신고번호 2025-000075
주소 서울시 마포구 동교로17안길 51 유노빌딩 3~5층
전화 02-323-7763 **팩스** 02-323-7764 **이메일** info@uknowbooks.com

ISBN 979-11-992695-6-9 (03220)